Sherif Salah ElDin Banhawy

Criar um consumidor propenso a negociar nas categorias de produtos de baixo risco

Sherif Salah ElDin Banhawy

Criar um consumidor propenso a negociar nas categorias de produtos de baixo risco

ScienciaScripts

Imprint

Any brand names and product names mentioned in this book are subject to trademark, brand or patent protection and are trademarks or registered trademarks of their respective holders. The use of brand names, product names, common names, trade names, product descriptions etc. even without a particular marking in this work is in no way to be construed to mean that such names may be regarded as unrestricted in respect of trademark and brand protection legislation and could thus be used by anyone.

Cover image: www.ingimage.com

This book is a translation from the original published under ISBN 978-3-659-53331-0.

Publisher:
Sciencia Scripts
is a trademark of
Dodo Books Indian Ocean Ltd. and OmniScriptum S.R.L publishing group

120 High Road, East Finchley, London, N2 9ED, United Kingdom
Str. Armeneasca 28/1, office 1, Chisinau MD-2012, Republic of Moldova, Europe
Printed at: see last page
ISBN: 978-620-7-48966-4

Índice

Criar um consumidor propenso a negociar nas categorias de produtos de baixo risco - Mercado da Arábia Saudita

As cadeias de retalho nacionais que operam no Reino da Arábia Saudita (KSA) adoptam uma estratégia de mercado que está a causar um impacto significativamente negativo tanto no desempenho das marcas nacionais como no comportamento de compra dos consumidores. A estratégia destas cadeias de retalho baseia-se em dois pilares principais. O primeiro pilar é a prática frequente e intensa de descontos nos preços das marcas nacionais vendidas nas suas lojas. O segundo pilar é a sua rápida expansão na introdução das suas marcas de distribuidor em diferentes categorias, especificamente nas categorias de produtos de baixo risco, incluindo os óleos alimentares, o açúcar, o sal e a água engarrafada.

Atualmente, as cadeias de retalho promovem frequentemente e de forma intensa as marcas nacionais para atrair vários segmentos de consumidores-alvo, para gerar valor e volume de vendas e para aumentar o tráfego das suas lojas. Cada cadeia de retalho tem o seu folheto semanal impresso que apenas comunica os descontos de preços oferecidos durante a semana, na maioria das categorias; no entanto, com mais peso para as categorias de alimentos embalados e bebidas. Esta estratégia está a dar aos retalhistas uma vantagem de poder negocial sobre os fabricantes, que, por sua vez, são obrigados a adaptar-se ao crescente poder negocial dos retalhistas. Em geral, os descontos nos preços são considerados uma técnica eficaz para aumentar as vendas a curto prazo. No entanto, a longo prazo, podem afetar negativamente a reputação de uma marca. Os efeitos negativos incluem a menor fidelidade à marca, a diminuição da perceção da qualidade e a imagem negativa da marca. As promoções de preços podem não trazer benefícios a longo prazo e podem causar danos potenciais a uma marca se esta for objeto de uma promoção excessiva (Blattberg e Neslin, 1990). Por conseguinte, as marcas nacionais lutam para manter as suas margens, aumentar o valor das suas vendas e volumes, bem como a sua posição de liderança no mercado.

As marcas de distribuidor (private label brands - PLB) que, num passado próximo, eram consideradas pelos consumidores como produtos inferiores devido à sua qualidade abaixo dos padrões, estão agora a crescer e a revelar-se como os novos agentes de mudança no mercado saudita. Estes PLB estão a crescer no que diz respeito ao número de produtos introduzidos, às novas categorias penetradas por cada cadeia de retalho e ao volume de vendas. O crescimento dos PLB deve-se à rápida expansão do canal de comércio moderno. Este rápido crescimento está a exercer pressão sobre as várias marcas nacionais no que diz respeito à erosão da sua parte de mercado, à diminuição da rentabilidade, ao menor espaço nas prateleiras e ao aumento do poder de negociação dos retalhistas sobre os fabricantes. Os PLB estão a adotar a estratégia do preço baixo de prateleira, da melhoria da qualidade através do aumento de escala e do aproveitamento do valor da marca do retalhista. O preço é o principal fator de intenção de compra entre (72%) dos consumidores sauditas. No entanto, a qualidade continua a ser importante, mas em menor grau. Cerca de (63%) acreditam que as marcas de distribuidor oferecem uma boa relação qualidade/preço (Nielsen, 2014). Por conseguinte, o surgimento das marcas de distribuidor no mercado saudita exige um novo paradigma de estratégia para as marcas nacionais para contra-atacar esta ameaça, especialmente porque muitas marcas nacionais estão atualmente a perder a sua base de consumidores fiéis que passam para as marcas de distribuidor.

Para desenvolver a estratégia necessária para os fabricantes contra-atacarem a ameaça dos PLB e enfrentarem a ameaça dos descontos frequentes nos preços, é crucial começar por responder a algumas perguntas. As questões que precisam de ser respondidas centram-se em quais são as diferentes ferramentas que os retalhistas utilizam para alterar a decisão de compra do consumidor, como é que os consumidores percepcionam os PLBs em termos de qualidade e valor, e qual é o impacto dos frequentes descontos de preços - guerras de preços - no valor e na imagem das marcas nacionais. Por conseguinte, este estudo pretende identificar as diferentes ferramentas adoptadas pelos retalhistas para promover os seus PLB, qual o impacto dessas ferramentas no comportamento de compra do consumidor e as razões do seu sucesso. Por último, o estudo recomenda uma abordagem holística às marcas nacionais para contra-atacar a ameaça dos PLB e para gerir a tendência crescente dos descontos nos preços no vibrante canal de comércio moderno da Arábia Saudita.

Resumo

Os estudos anteriores na literatura que abordam o aumento das marcas de distribuidor (PLB) revelam que os retalhistas são motivados a introduzir PLB quando podem obter benefícios excepcionais, quer económicos quer estratégicos (Cueno et al., 2015). As cadeias de retalho nacionais no Reino da Arábia Saudita (KSA) estão a criar um mercado plano nas categorias de produtos de baixo risco. Este comportamento tem um impacto negativo no desempenho das marcas nacionais. Foi efectuada uma investigação exaustiva para compreender o comportamento dos compradores no KSA. A investigação foi efectuada junto de (1200) compradores sauditas, a nível nacional. Os resultados da investigação identificaram as diferentes actividades realizadas pelos retalhistas que têm impacto na perceção da marca pelo consumidor e na decisão de compra. As actividades das cadeias de retalho incluem a impressão semanal e a publicação em linha de folhetos promocionais que comunicam todos os produtos com desconto. Além disso, a sua estratégia inclui a rápida expansão dos PLBs que têm uma qualidade igual e um preço mais baixo em comparação com as marcas nacionais e a expansão do espaço de prateleira dedicado aos PLBs à custa das marcas nacionais. Todas estas actividades são factores-chave que afectam o desempenho das marcas nacionais nestas cadeias de retalho.

Os resultados da investigação mostram que o consumidor saudita se tornou um consumidor propenso a negociar, que procura sobretudo os preços mais baixos, com pouca ou nenhuma atenção ao valor da marca. Nas categorias de produtos de baixo risco, os consumidores não vêem qualquer diferença na qualidade dos PLB e das marcas nacionais. Por conseguinte, os consumidores preferem escolher os PLB porque têm a vantagem de preços mais baixos. Além disso, a escolha da marca pelos consumidores está dependente do desconto de preço mais atrativo oferecido pela marca nacional, o que indica uma tendência decrescente na fidelidade à marca do consumidor em relação às marcas nacionais e a tendência crescente do comportamento do consumidor de mudar de marca.

Este estudo aborda dois pontos principais

1- Como as grandes cadeias de retalho estão a criar um mercado plano nas categorias de produtos de baixo risco, deslocando a decisão de compra do consumidor para as marcas nacionais com desconto de preço e também para os seus próprios PLB.

2- Qual poderia ser a abordagem holística que os fabricantes que operam em categorias de produtos de baixo risco deveriam adotar para defender as suas marcas nacionais e manterem-se vivos?

Palavras-chave: Marcas Próprias (PLB), cadeias de retalho nacionais, preço com desconto, decisão de compra, mercado plano, valor da marca, promoções, categorias de produtos de baixo risco.

CAPÍTULO 1

Introdução, contexto organizacional e objectivos da investigação
Introdução

O objetivo desta investigação é compreender o impacto das diferentes ferramentas que as cadeias de retalho adoptam para alterar a decisão de compra do consumidor. Estas ferramentas incluem a implementação dos frequentes descontos de preços nas marcas nacionais e a expansão dos seus PLBs à custa das marcas nacionais, principalmente nas categorias de produtos de baixo risco. Consequentemente, os fabricantes que operam nas categorias de produtos de baixo risco sofrem a diluição das vantagens competitivas das suas marcas, comprimem as suas margens de lucro para oferecer preços com desconto, arriscam-se a perder espaço nas prateleiras a favor dos PLB e são sempre arrastados para guerras de preços para recuperar os volumes perdidos. Todos estes factores criaram um consumidor orientado para as promoções, que procura sobretudo preços mais baixos. Por conseguinte, o mercado tornou-se um mercado plano que depende principalmente de descontos nos preços, com pouca ou nenhuma diferença entre as marcas no que respeita ao valor da marca.

Este estudo utiliza a definição de PLB proposta por Kumar e Steenkamp (2007), que definem PLB como qualquer marca que é propriedade do retalhista ou do distribuidor e é vendida apenas nas suas próprias lojas. As PLBs são também conhecidas como "marcas de loja", "marcas de retalhista" ou "marcas próprias". No entanto, nesta investigação não há distinção entre estes termos e não há distinção entre os tipos de PLB, como genéricos, imitadores ou marcas de distribuidor de qualidade superior.

Antecedentes

De acordo com a Nielsen (2015), o canal de comércio moderno no KSA inclui hipermercados e supermercados. O canal de comércio moderno representa cerca de (65%) da quota de volume de todo o mercado do KSA para a categoria de bens de consumo rápido, enquanto as mercearias representam (35%). Na categoria de produtos alimentares, o canal de comércio moderno representa (73%) e as mercearias representam (27%). Na categoria não alimentar, o comércio moderno representa (84%) e as mercearias (16%). Na categoria de bebidas, o comércio moderno representa (36%) e as mercearias representam (64%). Estes valores representam a divisão média de volume para as categorias de produtos alimentares, não alimentares e bebidas, principalmente em segmentos de produtos como óleos alimentares, açúcar, chá, café, arroz, refrigerantes, sumos, leite e iogurte (Nielsen, 2015). Em termos de volume, as cadeias de retalho nacionais no KSA, como o Carrefour, o Panda, o Danube, o Bin Dawood e o Al Otheim, representam cerca de 60% de todo o canal de comércio moderno. Os restantes (40%) representam os outros supermercados regulares, principalmente os que não têm cadeias. A maioria destas cadeias de retalho nacionais tem os seus próprios PLB nas categorias de produtos de baixo risco, incluindo açúcar, óleos comestíveis, papel higiénico, pasta de tomate, água engarrafada e sal. Estes PLB estão a aumentar o seu espaço nas prateleiras à custa das marcas nacionais e a roubar quota de volume às marcas nacionais, que foram durante muito tempo os líderes de mercado nas suas respectivas categorias.

Por exemplo, na categoria dos óleos alimentares, os PLB representam uma média de (12%) da parte de volume do mercado total dos óleos alimentares. Na categoria do açúcar, os PLB representam uma média de (7%) do mercado total do açúcar. Os PLB também ocupam entre a terceira e a quarta posição na lista de actores, para as categorias de frutas enlatadas, aveia, refrigerantes em pó e caldos (Nielsen, 2014). A importância e o peso dos PLBs no mercado saudita estão a crescer ao longo do tempo, especialmente com a rápida expansão do canal de comércio moderno. No ano de 2010, o número de pontos de venda da cadeia de retalho ascendia a (701) pontos de venda, no entanto, em 2016, o número de pontos de venda aumentou para atingir mais de (1 084) pontos de venda, o que representa um aumento de (54,6%). Por outro lado, o número de pequenas mercearias diminuiu (11%) de 2010 a 2016, indicando uma tendência de declínio do canal de comércio tradicional em favor do canal de comércio moderno (Nielsen, 2015).

Objetivo da investigação

Os frequentes descontos de preços oferecidos nas marcas nacionais e a expansão dos PLBs tornaram-se grandes desafios para os fabricantes. Isto é óbvio pela impressionante taxa de crescimento do número de produtos com desconto e do número de PLBs em diferentes categorias de alimentos e bebidas (Cueno et al., 2015). O crescimento dos PLB está a criar uma relação pouco clara entre os fabricantes de marcas nacionais e os retalhistas que procuram obter lucros com os seus próprios produtos de baixo preço. Este dilema enfrentado pelos fabricantes tem duas dimensões. Em primeiro lugar, se os fabricantes optarem por atacar agressivamente o crescimento dos PLB, entrando em guerras de preços, podem pôr em risco o valor das suas marcas a longo prazo e a sua relação de cooperação com estes retalhistas. Em segundo lugar, se os fabricantes optarem por permanecer passivos para não pôr em risco o património das suas marcas, podem arriscar a sua base de consumidores fiéis a longo prazo, o crescimento do seu volume diminuirá e a sua rentabilidade ficará comprometida (Shetty e Manoharan, 2012). Estes mesmos desafios, com os seus efeitos, são também aplicáveis às marcas nacionais devido aos frequentes descontos de preços adoptados pelos retalhistas para aumentar o seu volume de vendas.

Por conseguinte, o objetivo da investigação é compreender o impacto das diferentes ferramentas adoptadas pelas cadeias de retalho na decisão de compra do consumidor.

É importante medir o impacto destes instrumentos, uma vez que, atualmente, os consumidores começaram a não ver nenhuma vantagem competitiva óbvia para as marcas nacionais em relação aos PLB, no que diz respeito à qualidade e ao valor da marca. Esta investigação é necessária porque, a longo prazo, se os fabricantes não conseguirem conter a ameaça dos PLB através da formulação de estratégias sólidas e também não conseguirem manter ou mesmo aumentar a sua base de consumidores fiéis através de iniciativas de inovação, enfrentarão obviamente uma situação em que os consumidores terão mudado totalmente para os PLB.

Questões de investigação

As questões a que esta investigação tenta responder

1- Como as cadeias de retalho nacionais estão a criar um mercado plano nas categorias de produtos de baixo risco, deslocando a decisão de compra dos consumidores para as marcas com desconto de preço, bem como para os PLB.

2- Qual poderia ser a abordagem holística que as empresas que operam nas categorias de produtos de baixo risco deveriam adotar para defender as suas marcas nacionais e manterem-se vivas?

Hipóteses de investigação

H1: As cadeias de retalho nacionais são o principal fator de mudança da decisão de compra do consumidor.

H2: Os descontos nos preços e as marcas de distribuidor nas categorias de produtos de baixo risco estão a criar um mercado plano, em que a imagem e o valor das marcas são pouco considerados e, em alguns casos, não são vistos como uma diferença.

H3: As marcas nacionais são arrastadas para guerras de preços que têm um impacto negativo na imagem e no valor da marca.

H4: O conceito de "sempre em desconto" está a criar consumidores orientados para o baixo preço, mais conscientes do preço do que do valor, nas categorias de produtos de baixo risco.

CAPÍTULO 2

Revisão da literatura

Categorias de produtos de baixo risco versus categorias de produtos de alto risco

Nas categorias de produtos de baixo risco, como os óleos alimentares, o açúcar, o sal e a água engarrafada, os consumidores poderiam tornar-se propensos a negociar devido aos frequentes descontos de preços oferecidos pelos retalhistas. A qualidade igual dos PLB e das marcas nacionais, juntamente com o baixo preço de retalho e a maior representação no espaço das prateleiras, estão a criar um mercado plano em que se dá pouca atenção ao valor da marca e mais peso ao preço baixo. Os produtos que se enquadram na categoria de produtos de alto risco versus produtos de baixo risco diferem de país para país, dependendo da qualidade percebida dos PLBs versus marcas nacionais. Por exemplo, no mercado do KSA, os produtos de baixo risco incluem óleos comestíveis, açúcar, sal, papel higiénico e água engarrafada. Esta perceção do consumidor deve-se ao facto de as PLB estarem a igualar as marcas nacionais no que diz respeito à qualidade. Entretanto, os PLB têm a vantagem de ter um preço de prateleira mais baixo. Os consumidores consideram este tipo de produtos como simples e não sofisticados. Por outro lado, os produtos de alto risco incluem os cosméticos, os produtos de higiene para bebés, os produtos alimentares para bebés, os produtos electrónicos, os produtos de higiene corporal e os champôs. Esta perceção do consumidor deve-se ao facto de a qualidade das marcas nacionais ser muito superior à das PLB. Entretanto, os consumidores consideram estes produtos sofisticados ao ponto de não poderem sacrificar a sua própria saúde ou os seus pertences (Ailawadi et al., 2009).

As marcas nacionais nas categorias de produtos de baixo risco estão a sofrer em várias frentes, no que diz respeito à erosão da margem, à menor consideração dos consumidores pela imagem e valor da marca, à erosão do espaço nas prateleiras e à diminuição dos volumes de vendas. Neste cenário de mercado difícil, os fabricantes que operam nas categorias de produtos de baixo risco precisam de repensar uma abordagem holística. Através desta abordagem holística, os fabricantes devem não só diversificar a sua carteira para produtos de maior risco, mas também reconsiderar a forma de estabelecer uma diferenciação clara de valor acrescentado em relação aos PLB, para evitar serem arrastados para guerras de preços desgastantes. A ameaça poderá ser muito mais grave a longo prazo, quando os retalhistas nacionais forem capazes de introduzir produtos com uma qualidade elevada e um preço mais baixo nas categorias de produtos de alto risco (Ailawadi et al., 2009).

Os tipos de marcas de distribuidor

Boone e Kurtz (1995); Kotler e Armstrong (1996) definiram os PLB como os produtos vendidos sob a marca própria dos retalhistas e que são diferentes das marcas nacionais. Cada PLB é único para o seu retalhista específico. Os consumidores de PLB são aqueles que valorizam o preço como um critério importante para a compra e não valorizam a imagem de marca como importante, mas podem considerar a qualidade como um critério importante.

Kumar e Steenkamp (2007) identificaram quatro tipos de marcas de distribuidor

- **Marcas de distribuidor genéricas:** são as mais baratas na respectiva categoria. Têm por objetivo oferecer ao consumidor a alternativa de preço mais baixo e alargar a base de clientes do retalhista.

- **Marcas imitadoras:** são um Me-too a um preço mais baixo. O seu objetivo é aumentar o poder de negociação contra os fabricantes e aumentar a parte do retalhista nos lucros da categoria.

- **Marcas de loja premium:** proporcionam ao consumidor um valor acrescentado em relação às marcas nacionais. Têm por objetivo diferenciar a loja, aumentar a perceção da imagem da loja e melhorar as margens.

- **Inovadores de valor:** oferecem ao consumidor a "melhor relação desempenho-preço". O seu objetivo é oferecer o melhor valor, gerar uma publicidade boca a boca e fidelizar o cliente à loja.

Os PLB tornam-se viáveis quando os retalhistas conseguem atingir uma massa crítica para obter vantagens de escala. A estrutura do comércio moderno em rápido desenvolvimento na Arábia Saudita, onde os supermercados e os hipermercados estão a expandir-se enormemente, é considerada um bom terreno para o crescimento dos PLB. Este aumento deve-se ao facto de apenas as grandes cadeias de venda a retalho poderem criar o poder de mercado necessário para realizar os elevados volumes exigidos para alcançar as vantagens de escala. Pelo contrário, os canais de comércio tradicionais, como as pequenas e grandes mercearias, não podem beneficiar das economias de escala porque não são capazes de construir o poder de mercado através de volumes maciços.

A diferença entre as marcas de distribuidor e as marcas nacionais

King (2007) sugere que um produto é algo que é fabricado numa fábrica, enquanto uma marca é algo que é comprado pelos consumidores por um preço específico fixado pelo fabricante. Aaker (1991) apoia a mesma opinião e indica que uma marca pode ser um nome, logótipo, marca registada ou símbolo distintivo utilizado para diferenciar os bens e serviços dos muitos produtores e vendedores que comercializam bens e serviços idênticos no mercado.

A marca nacional ou de fabricante é uma marca que é comercializada num mercado nacional. Contrasta com as marcas regionais ou locais. Normalmente, é publicitada e pertence a um fabricante.

A marca de distribuidor é uma marca que pertence ao revendedor do produto e não ao seu fabricante. Em alguns casos, o revendedor pode ser também o fabricante (King, 2007).

Dimensões	Marcas nacionais	Marcas de distribuidor
Propriedade e risco de fracasso	Fabricantes	Retalhistas
Dificuldade de copiar	Alta a média	Baixa
Identidade da marca	Estreito e sempre constante	Esticado e, de alguma forma, consistente em todas as categorias
Inovação	Elevado	Baixa
Duração do lançamento	Demora muito tempo	Muito rápido
Investimento em marketing	Elevado	Baixa
Distribuição	Em todo o país e em todos os canais comerciais	Disponível nas lojas próprias
Preço	Prémio	Baixa / média
Fidelidade do consumidor	Elevado	Alerta para o nome da loja do retalhista, não para o produto em si
Relação comprador/vendedor	Venda/compra tradicional	Objectivos comuns a longo prazo
Coordenação e partilha de informações entre o comprador e o vendedor	Médio	Elevado

O objetivo das marcas de distribuidor

Richardson et al. (1996) sugerem que os retalhistas criam os PLB devido ao seu potencial para aumentar a fidelidade à loja, a rendibilidade, para exercer controlo sobre o espaço nas prateleiras e para ter um poder de negociação sobre os fabricantes. O desenvolvimento dos PLB é atrativo para os retalhistas quando as condições de mercado são definidas para maximizar os lucros e o crescimento do volume à custa da imagem e do valor da marca. Além disso, é atrativo para os retalhistas quando pretendem desenvolver a diferenciação em relação a outros retalhistas concorrentes e melhorar a imagem da sua loja. Shetty e Manoharan (2012) sugeriram que existe uma relação positiva significativa entre a fidelidade à loja de retalho e a fidelidade aos produtos apoiados pelo nome dessa cadeia de retalho específica. Por conseguinte, para obter os benefícios económicos e criar um diferencial de preços mais elevado em relação às marcas nacionais, os retalhistas tiram partido da construção do poder de mercado através da produção de volumes maciços, explorando as economias de escala e de gama. O maior diferencial de preço entre as PLBs e as marcas nacionais é considerado o principal incentivo para os consumidores mudarem para as PLBs, especialmente os consumidores sensíveis ao preço (Cuneo et al., 2015). Sethuraman e Cole (1999) apoiam a mesma conclusão, indicando que maiores diferenças de preço entre as marcas nacionais e as PLBs levam ao aumento das quotas de volume das PLBs.

Do ponto de vista económico, os PLB proporcionam margens mais elevadas em comparação com as marcas nacionais, porque os retalhistas são capazes de manter as suas estruturas de custos sob controlo. Do ponto de vista do preço, os PLB têm uma maior vantagem de preço sobre as marcas nacionais, o que leva a um aumento da procura por parte dos consumidores e, por conseguinte, a uma maior fidelidade à loja. No entanto, alguns segmentos de consumidores ainda estão dispostos a pagar um prémio pelas marcas nacionais, em muitas categorias de produtos. Hoch e Bancrji (1993) indicaram que o crescimento dos PLB é atribuído ao facto de os consumidores os considerarem como tendo uma vantagem de preço sobre as marcas nacionais. No entanto, a qualidade parece continuar a ser o primeiro fator importante para determinar o êxito dos PLB. Outra razão para o crescimento das PLB é sugerida por Shetty e Manoharan (2012), que indicam que este aumento é atribuído ao facto de, hoje em dia, os retalhistas serem mais profissionais na gestão das PLB como parte do seu formato de retalho, que está em constante evolução. Consequentemente, os retalhistas estão a criar compradores fiéis e a obter vantagens atractivas em termos de retorno do investimento.

Kohli e Jaworski (1990) sugeriram que, em muitos casos, as empresas podem ter os utilizadores finais (os que consomem o produto) como clientes (retalhistas que ditam ou influenciam as escolhas dos utilizadores finais). Esta situação reflecte o poder dos retalhistas sobre os fabricantes devido à consolidação dos primeiros, ao acesso dos retalhistas aos dados de scanner e ao aumento da concorrência entre os fabricantes devido à proliferação de marcas.

O enquadramento do papel estratégico das marcas de distribuidor

Estratégia PLB	Segmento de mercado-alvo	Função dos PLBs
Estratégia local de PLBs	Segmento do mercado de massas	PLBs como ferramenta de fidelização da loja
Estratégia global de PLBs	Segmento de mercado premium	As PLB como ferramenta de imagem de loja
Estratégia combinada de PLBs	Segmentos de mercado de massas e premium	As PLB como instrumento de concorrência entre lojas

Estratégia das PLB locais: são utilizadas para fidelizar a loja. De facto, as marcas nacionais podem ser compradas em qualquer lugar e, por conseguinte, são difíceis de utilizar para fidelizar a loja. Pelo contrário, as PLB são exclusivas do ponto de venda ou da cadeia de lojas e, se forem eficazmente comercializadas, podem gerar uma maior fidelidade à loja e mais tráfego. Os retalhistas tentam explorar este facto e comunicam que os seus produtos são de alta qualidade e de valor bom ou superior.

Estratégia global dos PLB: são utilizados para melhorar ou construir a imagem da loja. Os comerciantes destas cadeias de retalho implementam uma comunicação de marketing integrada para os seus PLB. Centram-se no país de origem dos seus PLB e promovem-no, o que reforça a imagem, especialmente nos mercados emergentes, onde os consumidores desenvolvem uma forte preferência por produtos estrangeiros.

Estratégia de PLBs combinados: são utilizados para enfrentar a concorrência das marcas nacionais, fornecendo aos consumidores uma alternativa competitiva às marcas nacionais. As cadeias de retalho internacionais competem com as marcas nacionais esbatendo quaisquer diferenças percebidas entre estas marcas e as suas PLBs. Dão ênfase à inovação, à qualidade superior e à imagem premium (Fall, 2008).

O impacto do preço do retalhista na sua imagem

Schnittka et al. (2015) sugerem que as decisões dos consumidores são influenciadas não só pelos preços dos artigos individuais, mas também pela imagem do preço do retalhista, que reflecte a impressão dos consumidores sobre o nível geral de preços do retalhista. A imagem do preço é a convicção geral sobre o nível global de preços que os consumidores associam a um determinado retalhista. Não se trata de uma avaliação de um preço individual ou de um conjunto de preços, mas sim de uma impressão global do nível de preços agregado de um retalhista. É expressa como caro versus barato. As crenças sobre a imagem do preço não se baseiam apenas nos preços observados, mas incorporam também elementos não relacionados com os preços, como a decoração da loja, a localização e a reputação. A imagem do preço do retalhista é análoga ao preço de referência de um artigo específico, na medida em que ambos podem influenciar a forma como os consumidores percepcionam os preços. A imagem do preço do retalhista não é redutível a um preço específico ou a uma gama de preços, mas representa uma avaliação qualitativa do nível global dos preços num dado retalhista. Uma vez que representa o nível global dos preços do retalhista em todas as categorias de produtos e gamas de preços, a imagem do preço envolve uma avaliação categórica mais geral do que a precisão numérica dos preços de referência associados a ofertas específicas.

Um elevado grau de heterogeneidade nos elementos específicos utilizados para formar uma imagem de preço, com muitos consumidores a basearem-se em apenas três a cinco preços-chave para formar uma impressão global de uma loja. Com base neste facto, nem todos os artigos são iguais na formação da imagem de preço. Os retalhistas identificaram artigos de valor conhecido (KVI), ou seja, categorias, marcas e tamanhos de embalagens que se acredita exercerem uma influência desproporcionada na formação da imagem do preço. Por conseguinte, ao fixar de forma agressiva os preços destes artigos mais influentes, os retalhistas têm mais hipóteses de influenciar as percepções e impressões dos consumidores sobre o nível médio dos preços do que se baixassem apenas os preços em geral. As ofertas frequentes de preços baixos tendem a aumentar o volume de vendas mais do que os descontos profundos menos frequentes (Martos-Partal, 2012).

CAPÍTULO 3

Metodologia de investigação

Os objectivos da investigação

O principal objetivo desta investigação é compreender o comportamento de compra dos compradores sauditas. O que leva o consumidor a comprar nas cadeias de retalho em geral, a forma como o consumidor percepciona estas cadeias no que respeita à imagem e ao preço, o processo de raciocínio subjacente à escolha de uma cadeia de retalho específica para comprar e os factores que influenciam a decisão de compra do consumidor no que respeita às marcas a comprar.

Metodologia de investigação

Este estudo depende de duas fontes de dados, os dados primários e os dados secundários. Os resultados desta investigação - que foi efectuada com consumidores sauditas - representam os dados primários. Os dados recolhidos através da investigação documental representam os dados secundários.

1- Fase qualitativa:

a) Discussões em grupo: o objetivo é compreender o processo de tomada de decisão do consumidor e do comprador.

a. Um total de (12) grupos de discussão realizados em Jeddah, Riyadh e Dammam.

b. Os inquiridos são compradores do sexo masculino e feminino, com idades compreendidas entre os 25 e os 55 anos.

c. Cada grupo era composto por 6 a 8 inquiridos.

d. Os inquiridos representam a maioria das classes sociais (AB, C1, C2 e DE).

As discussões dos grupos de discussão abordam principalmente a perceção das cadeias de retalho, os principais factores e obstáculos à compra em lojas específicas, quem é o principal comprador e os principais influenciadores, o papel do preço e da promoção e o papel dos materiais dos pontos de venda na decisão de compra.

b) Etnografia: o objetivo é compreender o processo de compra através da observação do comprador e do mapeamento de todo o processo de compra, o percurso completo até à compra, desde a casa até à loja.

a. Um total de (30) entrevistas etnográficas realizadas em Jeddah, Riade e Dammam.

b. Os inquiridos são compradores do sexo masculino e feminino, com idades compreendidas entre os 25 e os 55 anos.

c. Os inquiridos representam a maioria das classes sociais (AB, C1, C2 e DE).

As entrevistas etnográficas são conduzidas principalmente para mapear o processo de preparação das compras, começando em casa, mapeando o comportamento do comprador em frente ao corredor, explorando o papel dos expositores especiais e dos materiais do ponto de venda na mudança da decisão de compra do consumidor e observando o comportamento do comprador na seleção dos produtos e marcas.

2- Fase quantitativa:

a) Entrevistas quantitativas em casa: O objetivo é quantificar os factores e os impulsionadores que têm impacto no comportamento de compra e na decisão de compra, mas que não ocorrem necessariamente no corredor.

a. Um total de 400 inquiridos foram entrevistados em Jeddah, Riade e Dammam.

b. Os inquiridos são compradores do sexo masculino e feminino, com idades compreendidas entre os 25 e os 55 anos.

c. Os inquiridos representam a maioria das classes sociais (AB, C1, C2 e DE).

As entrevistas quantitativas ao domicílio são realizadas principalmente para quantificar a fase qualitativa, no que diz respeito à perceção do consumidor sobre as cadeias de retalho, aos factores que o levam a comprar em lojas específicas e aos obstáculos que o impedem de o fazer, ao papel do preço e da promoção, aos compradores e aos principais influenciadores da decisão de compra e ao processo de preparação das compras.

b) Observação e entrevista no corredor: o objetivo é quantificar a parte das influências na loja, como expositores e materiais de ponto de venda, e o seu efeito na decisão de compra, e quantificar as razões para escolher ou mudar de marcas específicas para outras.

a. Foi efectuado um total de (800) observações em lojas em Jeddah, Riyadh e Dammam.

b. Os inquiridos são compradores do sexo masculino e feminino, com idades compreendidas entre os 25 e os 55 anos.

c. Os inquiridos representam a maioria das classes sociais (AB, C1, C2 e DE).

A observação e a entrevista no corredor têm como principal objetivo quantificar várias dimensões, como o conhecimento e a utilização de diferentes marcas, o perfil e a demografia dos compradores, o processo de decisão de várias categorias, a perceção da organização das prateleiras e as motivações de compra em várias marcas.

As cadeias de lojas incluídas no estudo

Carrefour, Hyper Panda, Danube, Bin Dawood, Farm, AlOtheim, Al Raya, Sadhan, Tamimi.

As categorias incluídas na investigação

Confeitaria/snacks, produtos lácteos, alimentos congelados, alimentos enlatados, bebidas, cuidados domésticos, cuidados pessoais, cigarros, produtos de papel femininos, fraldas, alimentos para bebés e cereais.

Fiabilidade e validade

Uma versão do questionário desenvolvido foi submetida a um pré-teste antes do estudo principal para obter fiabilidade e validade. Os inquiridos da amostra utilizada no teste-piloto não foram incluídos no estudo principal. Com base nos resultados do teste-piloto, as definições e as perguntas reformuladas foram ajustadas. Este passo foi dado para garantir que o questionário mede o conceito em estudo de uma forma consistente e também se o questionário produzirá resultados semelhantes quando for utilizado no trabalho de campo efetivo (Coughlan et al., 2007). Recomenda-se a utilização de questionários existentes que tenham provado ser fiáveis e válidos em estudos anteriores e que tenham sido amplamente utilizados. No entanto, isto não pôde ser aplicado nesta investigação porque os requisitos de informação do questionário são de natureza específica e trata-se de um estudo pontual. Por conseguinte, o questionário foi desenvolvido de raiz (Meadows, 2003). Para evitar respostas tendenciosas e informações falsas, foram evitadas perguntas sobre rendimentos e outras informações privadas. As perguntas eram directas, claras e inequívocas para permitir que o inquirido se sentisse autoconfiante, se sentisse à vontade ao responder e não se sentisse ignorante (Coughlan et al., 2007).

Exatidão da recolha de dados

O questionário respeita as regras comuns de conceção de questionários para garantir a exatidão da recolha de dados. Cada pergunta aborda apenas um ponto para evitar respostas com duplo significado, e é utilizada uma linguagem simples para evitar a utilização de linguagem ou expressões pouco comuns para alguns inquiridos. O tempo verbal ativo é utilizado para evitar complicações na compreensão, dividindo as ideias numa série de perguntas que são mais fáceis de compreender pelos inquiridos do que expressando tudo numa única pergunta longa. As afirmações negativas são evitadas para tornar as perguntas mais claras e fáceis de responder. Evitam-se as perguntas de orientação para eliminar os preconceitos dos inquiridos, obrigando-os a dar as respostas esperadas (Lietz, 2010). Foram realizadas verificações aleatórias de retorno de chamada com alguns inquiridos para garantir que foi ele/ela que respondeu ao questionário, fazendo-lhe algumas perguntas para verificar a comparabilidade de ambas as respostas. Os objectivos da investigação são claramente identificados e enunciados, e as hipóteses em questão são formuladas com precisão. Existe um elevado grau de representatividade da amostra em relação à população, através da escolha de diferentes faixas etárias e géneros, e é utilizada uma amostra bastante grande para aumentar o fator de precisão. As considerações éticas de autonomia e não maleficência são tidas em conta para evitar qualquer dano aos inquiridos ou para lhes dar o livre arbítrio de participarem ou não. A robustez dos dados é medida utilizando a média ou a mediana. A dispersão dos dados é medida utilizando o desvio-padrão. Ambas as medidas são consideradas a base do teste de significância paramétrico para garantir que os dados representam a população total e que as inferências podem ser alargadas à população total (Easterby-Smith et al., 2012).

CAPÍTULO 4

Resultados, análise e avaliação

A investigação procura validar quatro hipóteses

H1: As cadeias de retalho nacionais são o principal fator de mudança da decisão de compra do consumidor.

H2: Os descontos nos preços e as marcas de distribuidor nas categorias de produtos de baixo risco estão a criar um mercado plano, em que a imagem e o valor das marcas são pouco considerados e, em alguns casos, não são vistos como uma diferença.

H3: As marcas nacionais são arrastadas para guerras de preços que têm um impacto negativo na imagem e no valor da marca.

H4: O conceito de "sempre em desconto" está a criar consumidores orientados para o baixo preço, mais conscientes do preço do que do valor, nas categorias de produtos de baixo risco.

Os resultados da investigação

Planear a ida às compras

Da fase qualitativa da investigação conclui-se que, quando se trata de planear e decidir as compras mensais de mercearia, as donas de casa desempenham o papel principal na definição dos produtos domésticos em falta. Assim, a maioria delas verifica o que precisa antes da data das compras ou mantém uma lista na cozinha e acrescenta coisas enquanto percorre os corredores. Quanto às necessidades semanais/diárias, ou enviam o marido com uma lista de compras, ou vão sem planear e tentam lembrar-se das poucas coisas de que precisam, além de vindimar os produtos que estão a caminho, caso tenham uma oferta de desconto de preço atractiva.

Quadro 1. Como os consumidores definem os diferentes canais de comercialização

Hypermarket	Supermarket	Grocery	Wholesaler
Store type characteristics	**Store type characteristics**	**Store type characteristics**	**Store type characteristics**
Large stores where you can find everything (not just food) and considered to be a complete/comprehensive stores, and it's usually found in big malls.	Smaller store size than hyper yet larger than grocery, however mostly used for daily/weekly needs and not for large scale shopping.	Small shops located nearby, and it's for fast and quick purchases	Large stores that sell products in big quantity for lower price.
Shoppers characteristics	**Shoppers characteristics**	**Shoppers characteristics**	**Shoppers characteristics**
•Mostly middle & upper class •Educated & modern who like to check & discover new things while shopping. •People who care about details & find high quality products •Local & foreigners •Majority do their large monthly /bi-weekly shopping	•All social classes •Mostly used for daily needs (e.g. Pepsi, milk, juice, yoghurt, etc) •Have more products variety than groceries	•Those who live nearby and in a hurry to buy some products that run out •Those with no transportation to go to larger stores •Workers or people with little money •Children & students •Uneducated people who don't know that they can find cheaper products elsewhere.	•Mostly for people with large families •People who wants to buy many things at low price •For products that can be kept for a long time, such as rice, sugar, oil, salt, etc

A fase qualitativa da investigação revela que os consumidores distinguem claramente os diferentes tipos de pontos de venda a retalho. Os consumidores preferem mais os hiper e supermercados para as suas compras. Esta preferência deve-se à disponibilidade de uma vasta gama de produtos, de produtos de alta qualidade e ao facto de estes pontos de venda estarem situados em centros comerciais. As classes média e alta constituem a maioria dos compradores destes pontos de venda a retalho. Por outro lado, as mercearias são consideradas convenientes para as compras rápidas e quotidianas. Por outro lado, os grossistas são considerados convenientes para as famílias numerosas que compram as suas necessidades a granel e procuram os preços mais baixos possíveis.

Quadro 2. Vantagens e desvantagens de cada canal de comércio

Hypermarket	Supermarket	Grocery	Wholesaler
Benefits / Likes •Fun to go, considered as a recreational place •Good & fresh quality product •Availability of all products & brands •A lot of offers, discounts, and promotions •Many in front cashiers	**Benefits / Likes** •Have more product/brands variety than groceries •Quick service •Available in neighborhood, near to most people house •Have lower prices than groceries.	**Benefits / Likes** •It covers daily needs & emergencies •Home delivery • Close to everyone's house and is easy to access it	**Benefits / Likes** •Overall, lower prices than Hypermarkets, but when hypermarkets have offers, then it becomes expensive •Large product variety •Visited more often during Ramadan period
Drawbacks / Dislikes •Not enough parking lot •Can be very crowded specially at the beginning of the month & weekends •Males are complaining that they end up over spending because of the large products variety •Sometimes products on offers finish before the advertised period.	**Drawbacks / Dislikes** •Higher prices than hypermarket •Limited products/brands variety •Limited offers	**Drawbacks / Dislikes** •High prices •No special offers •No product variety & brand choice •Some do not have a good fridges & clean , organized place •Sometimes products are expired	**Drawbacks / Dislikes** •Unorganized, products are left in cartons •Sometimes product packs are left open, it becomes dusty •Crowded

A fase qualitativa da investigação revela que os hiper e supermercados são conhecidos pela sua variedade de produtos oferecidos, pelas várias ofertas promocionais e pelos enormes descontos disponíveis para várias categorias. Os compradores preferem-nos porque a maior parte destes pontos de venda a retalho estão localizados dentro dos centros comerciais, onde os consumidores podem ir para se divertirem e fazerem outras compras.

Quadro 3. O percurso na loja

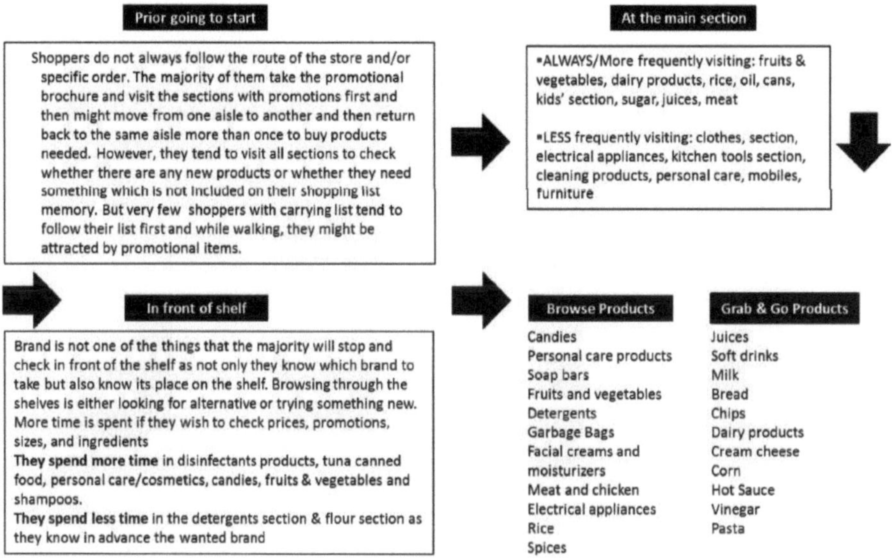

A fase qualitativa da investigação mostra que a primeira coisa que os compradores fazem - antes de entrarem no ponto de venda - é consultar o folheto do ponto de venda. Este folheto informa sobre as diferentes promoções disponíveis. Os compradores dirigem-se diretamente para as secções de promoção ou para os corredores dos produtos que oferecem descontos de preço. No entanto, os consumidores tendem a visitar todas as outras secções dentro da loja para se manterem actualizados sobre os novos produtos e as outras promoções disponíveis para outras categorias.

Gráfico 1. O perfil dos compradores

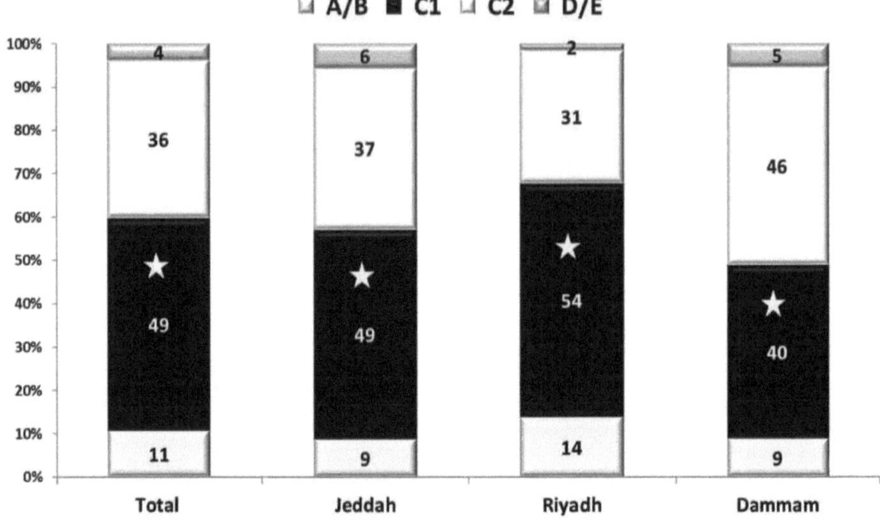

Base: Todos os inquiridos. Intervalo de confiança de 95%

* Indica uma diferença significativa

A fase quantitativa desta investigação mostra que a maioria dos compradores de retalho se enquadra nas classes sociais C1 e C2, com mais de (75%) dos compradores. A fase qualitativa desta investigação indica que os inquiridos da classe social AB nem sempre fazem as compras sozinhos, mas enviam as suas empregadas domésticas ou os seus motoristas ao ponto de venda, com uma lista de compras específica. Por outro lado, a classe social DE prefere fazer compras em mercearias e grossistas próximos. Kumar e Kothari (2015) sugerem que compreender o perfil dos compradores é crucial para a gestão estratégica da marca devido à crescente quota de mercado dos PLB à custa das marcas nacionais.

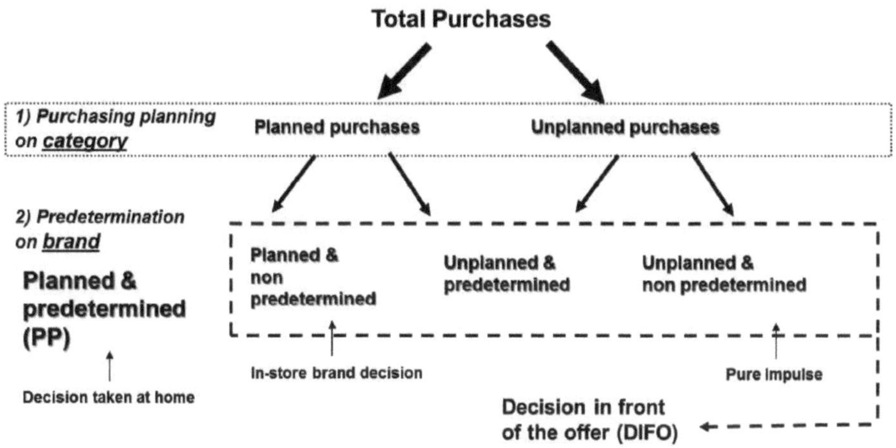

Figura 1. A árvore de planeamento de compras

A fase qualitativa desta investigação mostra o processo pormenorizado de planeamento das compras dos consumidores. O processo divide-se em quatro tipos.

A-Planeados e predeterminados: aqueles que compram um produto e têm uma marca em mente antes de entrar na loja.

B-Planeados e não predeterminados: aqueles que compram um produto e não têm uma marca em mente antes de entrar na loja.

C-Não planeado e predeterminado: aqueles que não tencionam comprar um produto mas têm uma marca em mente.

D-Não planeado e não predeterminado: aqueles que não tencionam comprar um produto e não têm uma marca em mente.

Para os consumidores sauditas, as compras tornaram-se uma atividade muito comum, uma vez que os centros comerciais são uma espécie de balcão único. Gostam de ir aos centros comerciais porque satisfazem várias necessidades funcionais e emocionais que têm. Ir aos centros comerciais é, para eles, uma forma de entretenimento, um local para toda a família, um local para se soltarem, um local para relaxarem e para se actualizarem sobre as novas tendências da moda, da alimentação e do entretenimento. Na Arábia Saudita, a maior parte das cadeias de lojas está localizada dentro dos centros comerciais.

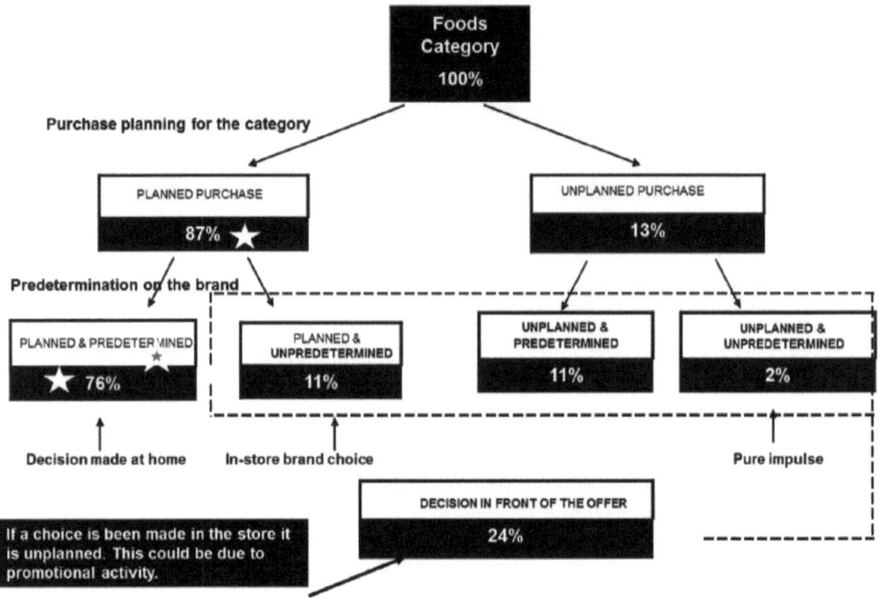

Figura 2. A árvore de planeamento de compras

Base: Todos os inquiridos. Intervalo de confiança de 95%. * Indica uma diferença significativa.

A fase quantitativa desta investigação quantifica a árvore de planeamento de compras ilustrada na (Figura 1). A figura acima indica que (76%) dos consumidores têm uma viagem de compras planeada com marcas pré-determinadas em mente. No entanto, os restantes (24%) dos consumidores tomam a decisão sobre qual a marca a comprar em frente à prateleira. A decisão baseia-se na oferta promocional fornecida pelo retalhista. Este resultado apoia a hipótese (H1) que indica que os retalhistas estão a implementar estratégias que têm impacto na decisão de compra do consumidor dentro do ponto de venda. Além disso, mostra que um número considerável de consumidores toma a decisão sobre a marca com base na promoção oferecida.

Gráfico 2. Folhetos de descontos e lista de compras

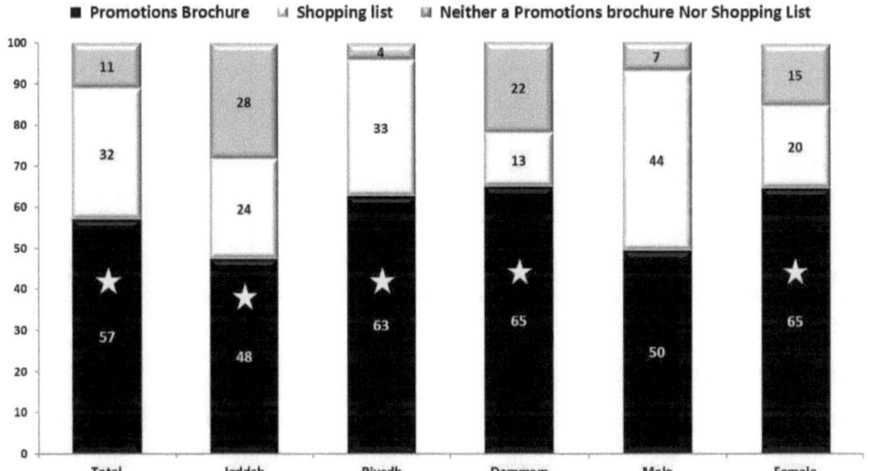

Base: Todos os inquiridos. Intervalo de confiança de 95%. * Indica uma diferença significativa.

O gráfico mostra que (57%) dos compradores entram no ponto de venda com o folheto de descontos na mão para verificar as marcas que têm preços com desconto. Uma proporção significativamente mais elevada de homens (44%) tem na sua posse a lista de compras do que de mulheres (20%). Por outro lado, uma proporção significativamente mais elevada de mulheres (65%) tem na sua posse o folheto de descontos, em comparação com os homens (50%). Este resultado corrobora a hipótese (H1) que indica que os retalhistas conduzem a mudança na decisão de compra do consumidor, fazendo com que este esteja sempre à espera de um tipo de desconto. Este facto, por sua vez, pode alterar a decisão de compra do consumidor de uma marca para outra, com base na intensidade do desconto disponível na marca considerada. Este resultado também se reflecte nas hipóteses (H3) e (H4) que indicam que as marcas nacionais são arrastadas para guerras de preços ao serem oferecidas com descontos frequentes pelos retalhistas. Os retalhistas pretendem atrair mais compradores, o que tem um impacto negativo no valor e na imagem da marca a longo prazo.

Tabela 4. As secções frequentemente visitadas na loja de retalho

	Secção disponível	Normalmente visitado	1st %	2.o %	3rd %	4.o %	5th %	6th %	7th %	8th %	9º. %	10th %
Produtos embalados - alimentos	100	99	*25	*23	14	16	9	8	2	1	2	0
Delicatessen	100	99	19	*21	*19	15	10	7	6	2	1	1
Produtos embalados - não	100	98	8	15	*21	*18	*18	10	5	3	1	2

alimentares											
Lacticínios	99	96	9	13	13	*16	16	*16	9	2	1	2
Promoções	99	93	*28	7	11	6	12	14	10	4	2	2
Padaria	96	88	6	10	10	14	*16	*15	*11	5	3	1
Balcão de carnes	97	68	2	4	8	9	9	14	*13	6	2	2
Eletrónica	83	40	2	4	2	3	2	4	8	*7	*7	2
Balcão de peixe	81	35	1	3	2	3	5	4	5	*8	3	*3
Vestuário	70	30	1	1	2	2	3	2	5	7	*5	*3

Base: Todos os inquiridos. Intervalo de confiança de 95%

* Indica uma diferença significativa

O quadro mostra que quase todos os compradores visitam a maioria das secções da loja. No entanto, a secção de promoções é significativamente visitada em primeiro lugar por (28%) dos compradores, seguida da secção de produtos alimentares embalados (25%); o que é significativamente mais elevado do que as outras secções que são visitadas em primeiro lugar. Este resultado dá a indicação de que a secção de promoção dos produtos embalados/alimentos é o primeiro ponto de atração na viagem de compras. Este resultado apoia as hipóteses (H1), (H3) e (H4) que indicam que os consumidores esperam sempre encontrar promoções/descontos nos produtos embalados. Por conseguinte, a secção das promoções é a primeira a ser visitada no ponto de venda. Além disso, o resultado apoia a sugestão de que os compradores se tornaram consumidores que procuram promoções.

Gráfico 3. As marcas com desconto e sem desconto

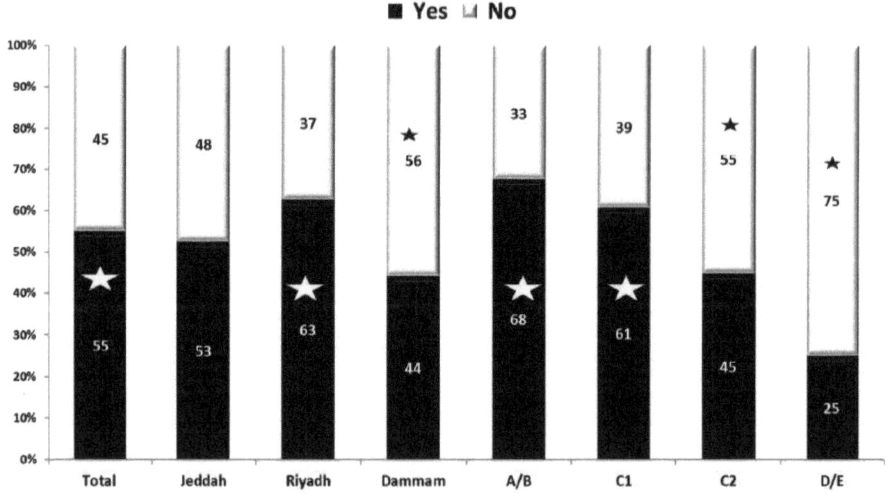

Base: Todos os inquiridos. Intervalo de confiança de 95%

* Indica uma diferença significativa

A observação na loja mostra que (55%) dos consumidores lidam primeiro com as marcas que estão em promoção ou com desconto antes de lidarem com as marcas que não estão com desconto. Este resultado corrobora a hipótese (H4) que sugere que os retalhistas estão a criar consumidores orientados para o preço baixo que procuram sempre um preço com desconto nas marcas nacionais.

Gráfico 4. Tipos de promoção do primeiro produto tratado

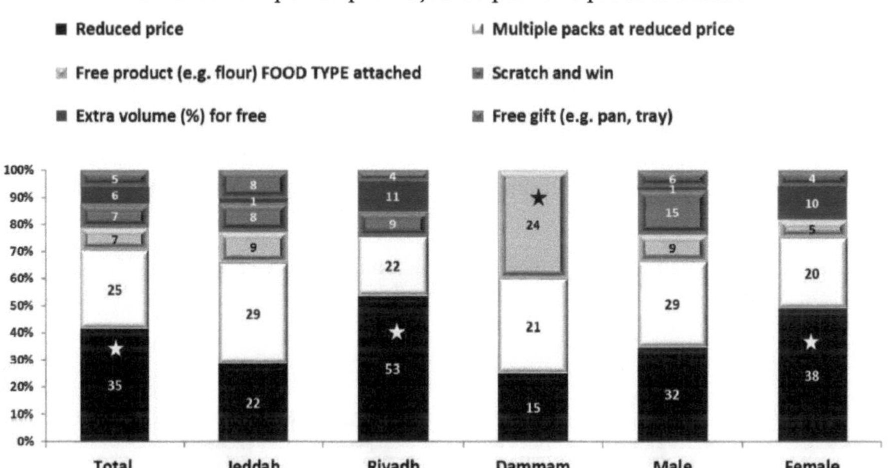

Base: compradores cujo primeiro produto manuseado estava em promoção. Intervalo de confiança de 95%

* Indica uma diferença significativa

O gráfico mostra que os tipos mais comuns de promoção oferecidos pelos retalhistas são o preço reduzido e as embalagens múltiplas a um preço reduzido. Este resultado apoia as hipóteses (H1) e (H3) que indicam que as marcas nacionais são obrigadas a estar continuamente em promoção. Os preços com desconto estão a criar um consumidor orientado para o preço baixo que prefere comprar a marca quando esta está em promoção. Alvarez e Casielles (2005) apoiam este resultado identificando quatro tipos principais de estratégias de promoção que são utilizadas pelos retalhistas para gerar tráfego.

- **Preço direto:** redução sem qualquer condição prévia, como o desconto direto.

- **Preço indireto:** redução sem qualquer condição prévia, como as ofertas gratuitas.

- **Redução direta do preço com uma condição prévia:** como os programas de fidelização.

- **Redução indireta de preços que exige uma condição prévia:** como os programas de troca. Em vez de receberem um desconto direto no novo produto, os consumidores recebem uma compensação mais elevada pelo produto antigo, por exemplo (automóveis e motociclos). Para atingir os seus objectivos em termos de volume no canal de comércio moderno, as marcas nacionais são continuamente pressionadas a sacrificar parte da sua rentabilidade e do seu prémio de marca, oferecendo frequentemente as suas marcas sob um ou mais dos tipos de promoção acima referidos, especialmente do tipo 1, tipo 2 ou tipo 3.

Efeito dos descontos de preço na imagem das marcas

- A redução direta do preço sem uma condição prévia e a redução indireta do preço com uma condição prévia não revelam alterações significativas na perceção da marca (imagem e prestígio).

- A redução direta do preço com uma condição prévia e a redução indireta do preço sem uma condição prévia têm um impacto negativo na perceção da marca (imagem e prestígio).

Gráfico 5. Que produto é que os consumidores compram

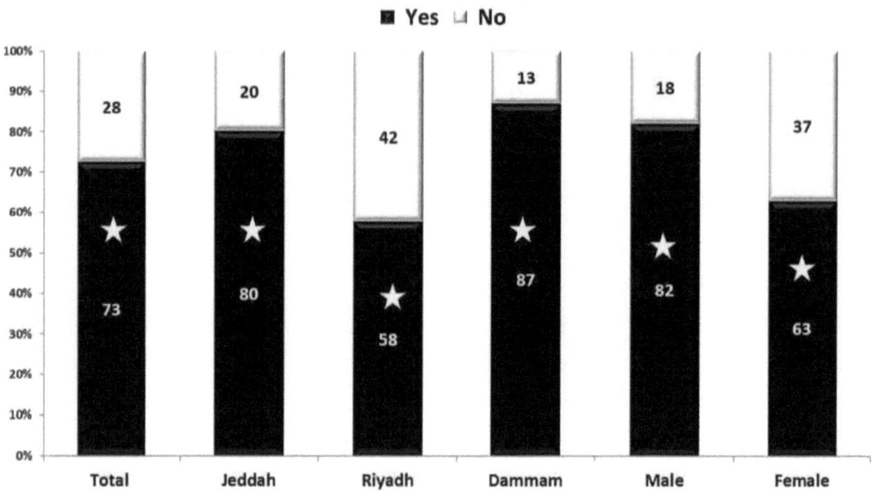

Base: Todos os inquiridos. Intervalo de confiança de 95%. * Indica uma diferença significativa.

O gráfico mostra que, durante a observação de compras, mais de (70%) dos compradores compram o primeiro produto que manuseiam na prateleira. É importante relembrar que mais de (50%) dos compradores tocaram primeiro no produto que estava em promoção (gráfico 3), o que significa que a maioria dos consumidores que tocaram no produto que estava em promoção acabaram por o comprar. Este resultado corrobora as hipóteses (H1) e (H4) que sugerem que as ofertas promocionais dos retalhistas têm impacto na decisão de compra do consumidor e criam consumidores orientados para o baixo preço.

Gráfico 6. Que produto é que os consumidores compram

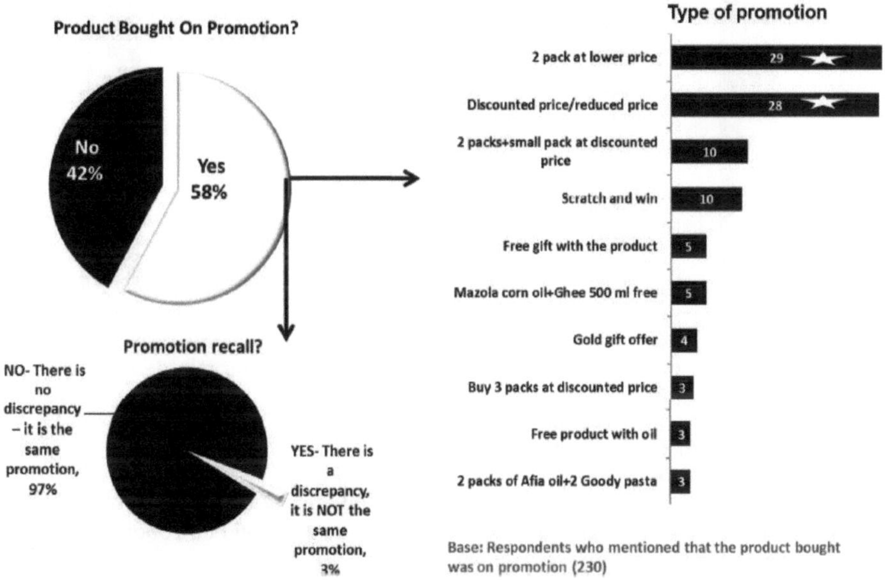

Base: Intervalo de confiança de 95%

* Indica uma diferença significativa

Os consumidores que compram os produtos em promoção (58%) lembram-se corretamente do tipo de promoção que é oferecido pelo produto que compram (97%). Os dois principais tipos de promoções disponíveis são os dois packs a preço reduzido (29%) e o desconto direto no preço (28%). Este resultado apoia as hipóteses (H1) e (H4) que sugerem que as ofertas promocionais dos retalhistas têm impacto na decisão de compra do consumidor e criam um consumidor orientado para os preços baixos. Além disso, os resultados apoiam as hipóteses (H3) e (H4) que sugerem que os retalhistas criam um mercado plano, oferecendo sempre descontos nas marcas nacionais, o que tem impacto na decisão de compra do consumidor (Chandon et al., 2000).

Gráfico 7. Impacto dos materiais de ponto de venda

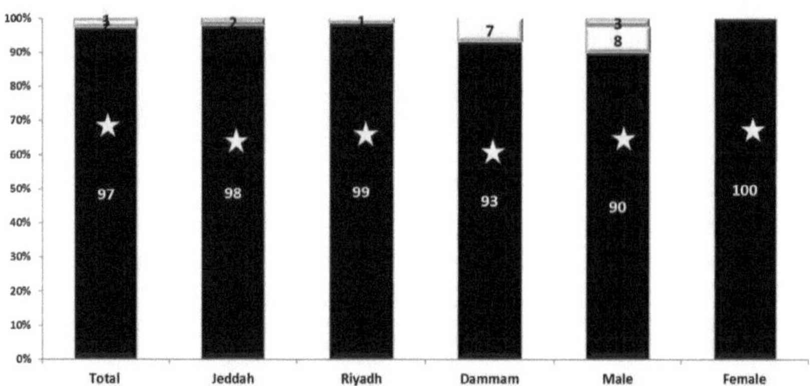

Base: compradores que repararam nos materiais do POS. Intervalo de confiança de 95%

* Indica uma diferença significativa

O gráfico mostra que (97%) dos compradores reparam nos materiais do ponto de venda do primeiro produto que encontram na prateleira. Este resultado corrobora a hipótese (H1) que indica que os retalhistas adoptam diferentes estratégias para influenciar a decisão de compra do consumidor, o que faria com que este optasse pelas marcas promovidas. A presença de estímulos que induzem a atenção, como os expositores no ponto de venda, pode desencadear uma avaliação afectiva positiva entre os consumidores relativamente ao produto específico que está a ser promovido (Parker e Tavassoli, 2000). Estas estratégias podem influenciar a perceção da imagem da marca e a consciência do preço por parte dos consumidores. A atenção do consumidor, ou seja, a promoção ao nível da loja, e as variáveis de consideração, ou seja, a consciência do preço e o valor da marca, podem aumentar significativamente as decisões de compra por impulso (Lichtenstein et al., 1993).

Gráfico 8. Importância do material do POS para influenciar a decisão de compra

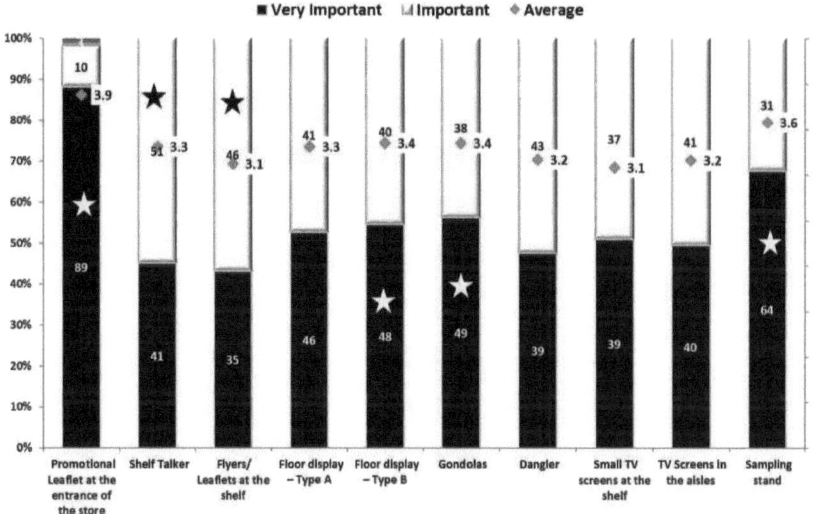

Base: Todos os inquiridos. Intervalo de confiança de 95%. * Indica uma diferença significativa.

O gráfico mostra que (89%) dos compradores consideram o folheto à entrada da loja como o principal fator que influencia a sua decisão de compra, com base nos descontos de preço oferecidos pelas várias marcas. Assim, os consumidores poderiam mudar entre as várias marcas com base no folheto. Este resultado corrobora as hipóteses (H1), (H3) e (H4), indicando que os retalhistas utilizam diferentes ferramentas promocionais para influenciar a decisão de compra do consumidor e que os descontos nos preços têm uma importância significativa para os consumidores escolherem entre as várias marcas. Assim, as marcas nacionais estão sempre sob a pressão da estratégia de descontos de preços dos retalhistas, o que tem um impacto negativo no valor da marca a longo prazo (Parker e Tavassoli, 2000).

Gráfico 9. Principais razões consideradas para comprar uma marca específica

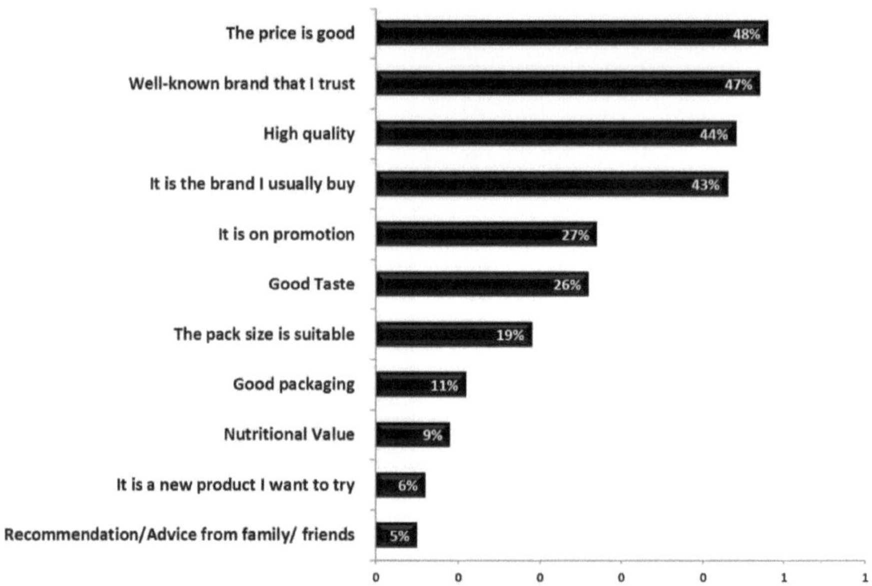

Base: Todos os inquiridos. Intervalo de confiança de 95%. * Indica uma diferença significativa.

Este gráfico mostra que nas categorias de produtos de baixo risco, como os óleos alimentares e o açúcar, o preço, a marca de confiança e a qualidade estão no topo dos principais factores de escolha de compra. Dependendo do nível de sofisticação da categoria, o fator de escolha da marca pelos compradores depende do nome da marca, do preço ou da qualidade.

Kumar e Kothari (2015) sugerem que os consumidores se dividem em dois tipos. Os consumidores que dão mais importância à qualidade da marca e estão dispostos a pagar um preço superior para obter essa qualidade elevada, e os consumidores que procuram uma qualidade razoável a um preço baixo razoável. O segundo tipo de consumidores toma a sua decisão de compra com base na disponibilidade do produto e no seu baixo preço. No entanto, o primeiro tipo toma a decisão de compra com base no valor da marca e na imagem de marca.

Nas categorias de produtos de alto risco, o fator de escolha da marca pelos compradores depende principalmente do nome da marca. Por exemplo, nos cigarros (100%) dos compradores, nos champôs (90%) dos compradores, nas bebidas energéticas (85%) dos compradores, nos produtos de cuidado da pele (86%) dos compradores e nos produtos de cuidado feminino (88%) dos compradores, sendo o valor mais baixo o dos produtos de cuidado do ar (57%) dos compradores.

Nas categorias de produtos de baixo risco, o fator de escolha da marca pelos compradores depende principalmente do desconto/promoção de preço. Por exemplo, no óleo alimentar (60%) dos consumidores, nos aperitivos (41%) dos consumidores, na água engarrafada (28%) dos consumidores, nos detergentes (25%) dos consumidores e, em menor número, no chá (6%) dos consumidores. Embora ainda pareça que uma boa percentagem dos compradores de produtos de baixo risco dependem do nome da marca e da qualidade como principais factores de escolha da marca, a questão é que aqueles que dependem do desconto no preço não são negligenciáveis, especialmente porque estão a aumentar ao longo do tempo.

Ehrenberg et al. (1994) sugerem que os efeitos posteriores positivos de uma promoção de preços poderiam ocorrer se a promoção atraísse alguns novos utilizadores que repetissem a compra da mesma marca mais tarde, pelo que não haveria efeitos favoráveis a longo prazo para as marcas nacionais. A principal razão é que a promoção de preços atrai sobretudo consumidores existentes, embora compradores pouco frequentes ou que mudam de marca, e que os poucos novos compradores atraídos têm uma baixa propensão para voltar a comprar a marca após a promoção.

Seria de esperar que pudesse haver um impacto negativo a longo prazo das promoções de preços no volume da marca promovida, devido aos efeitos do preço de referência. É claro que outros efeitos relacionados, como a retaliação da concorrência, podem significar que a promoção de preços para uma marca se torna antecedente de promoções para outras marcas, o que pode causar alterações nos preços de referência efectivos - portanto, contextuais - para toda a categoria (Rajendran e Tellis, 1994).

Gráfico 10. Marca principal utilizada versus marca de substituição

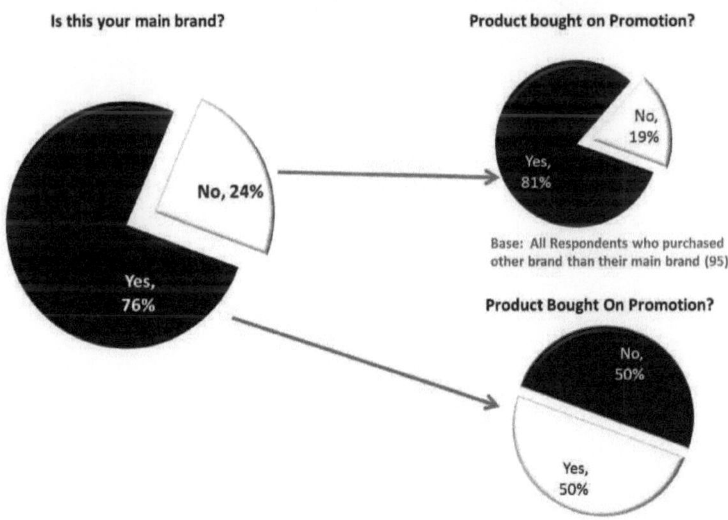

Este gráfico indica que (24%) dos compradores abandonam a sua marca mais utilizada e compram outra marca, principalmente as marcas que estão em promoção. Entretanto, cerca de (50%) dos consumidores que insistem em comprar a sua marca mais utilizada, compram-na efetivamente quando está em promoção. Este resultado corrobora as hipóteses (H1), (H2) e (H4) que indicam o impacto dos retalhistas na mudança da decisão de compra do consumidor para marcas de baixo preço e na criação de um consumidor orientado para as promoções.

Os compradores do comércio moderno estão mais dispostos a mudar entre várias marcas nas categorias de produtos de baixo risco em função do desconto de preço mais atrativo. Por exemplo, na água engarrafada (55%) dos consumidores, nos snacks (47%) dos consumidores, nos sumos (37%) dos consumidores, nos detergentes (32%) dos consumidores, no óleo alimentar (30%) dos consumidores e no arroz (25%) dos consumidores. Todos estes compradores mudaram efetivamente para outras marcas quando verificaram que a sua marca mais utilizada não estava em promoção no momento da compra.

Gráfico 11. Razões para mudar da marca mais frequentemente utilizada

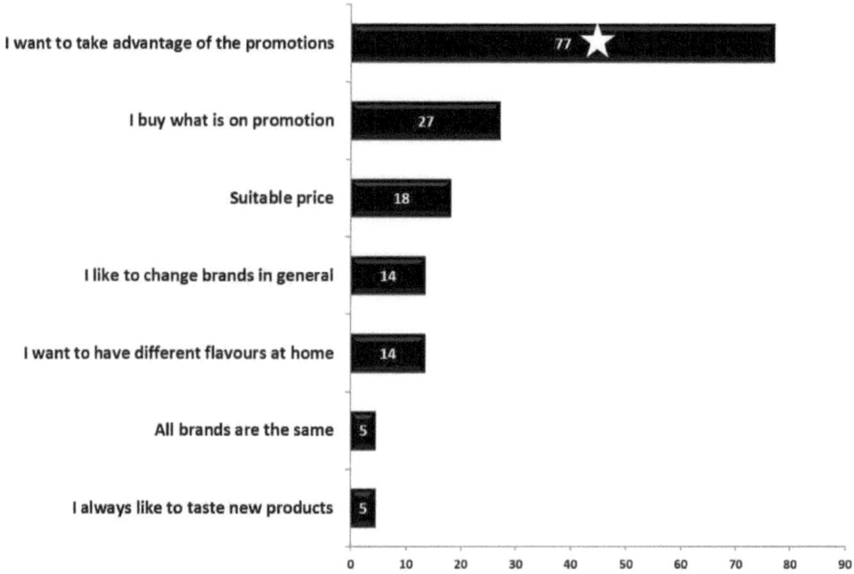

* Indica uma diferença significativa

Durante as entrevistas à saída da loja, mais de (75%) dos que mudaram para marcas diferentes da sua marca mais utilizada, confirmaram que queriam aproveitar a promoção oferecida pela nova marca que compraram. Este resultado corrobora a hipótese (H4) que indica que alguns consumidores se tornaram compradores orientados para as promoções e que procuram preços mais baixos, independentemente da marca. Além disso, apoia a hipótese (H1) que indica que os retalhistas motivam a mudança da decisão de compra dos consumidores para marcas de baixo preço.

Gráfico 12. Preços reais versus preços declarados

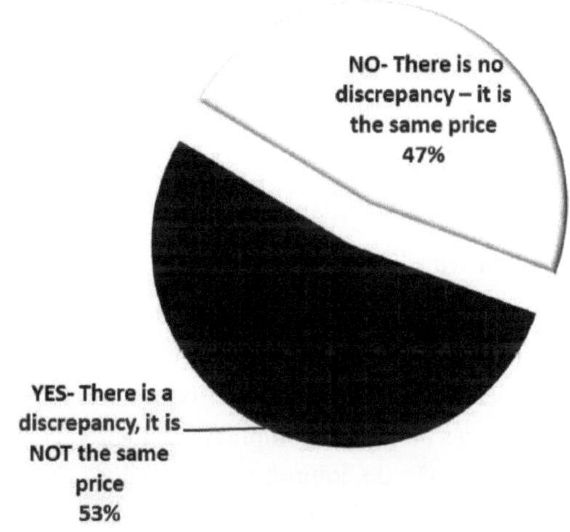

Base: Intervalo de confiança de 95%

* Indica uma diferença significativa

Não é de surpreender que, devido aos contínuos descontos de preços, os compradores tenham perdido o conhecimento do preço de base original, ou seja, do "preço de referência" das suas marcas mais frequentemente utilizadas. Mais de (50%) dos compradores não se recordavam exatamente do preço de base original das suas marcas mais utilizadas. Lattin e Bucklin (1989) sugerem que os descontos de preços frequentes adotados pelos retalhistas reduzem o ponto de referência dos consumidores em relação ao preço da marca, o que faz com que o volume de vendas a preços normais diminua devido à resistência dos consumidores a pagar preços superiores aos de promoção.

Gráfico 13. Razões para fazer compras em cadeias de retalho

Base: Todos os inquiridos. Intervalo de confiança de 95%

* Indica uma diferença significativa

O gráfico mostra que mais de (65%) dos compradores preferem comprar nas cadeias de retalho porque têm os melhores/mais baixos preços em comparação com outros canais comerciais, como as mercearias. Este resultado corrobora as hipóteses (H1) e (H4) que sugerem que os retalhistas atraem os compradores ao oferecerem preços mais baixos, afectando assim a sua decisão de compra e motivando o crescimento de um novo segmento de consumidores orientados para as promoções.

Os descontos pequenos mas frequentes em relação ao preço médio histórico de uma loja numa categoria têm mais probabilidades de incentivar uma imagem de preço baixo do que as promoções pouco frequentes com grandes descontos. A imagem de preço é semelhante à imagem de marca de um retalhista, na medida em que ambas representam uma avaliação global da loja que pode influenciar a avaliação dos artigos individuais oferecidos nessa loja. A imagem de marca da loja é uma construção multidimensional que inclui uma variedade de aspectos relacionados com o preço e outros aspectos não relacionados com o preço. No entanto, a imagem de preço é uma construção unidimensional que reflecte as percepções dos consumidores sobre o nível global dos preços num determinado retalhista. Neste contexto, a imagem de preço pode ser vista como um aspeto da imagem de marca global do retalhista (Manikandan, 2012).

Gráfico 14. As categorias que são mais promovidas pelos retalhistas

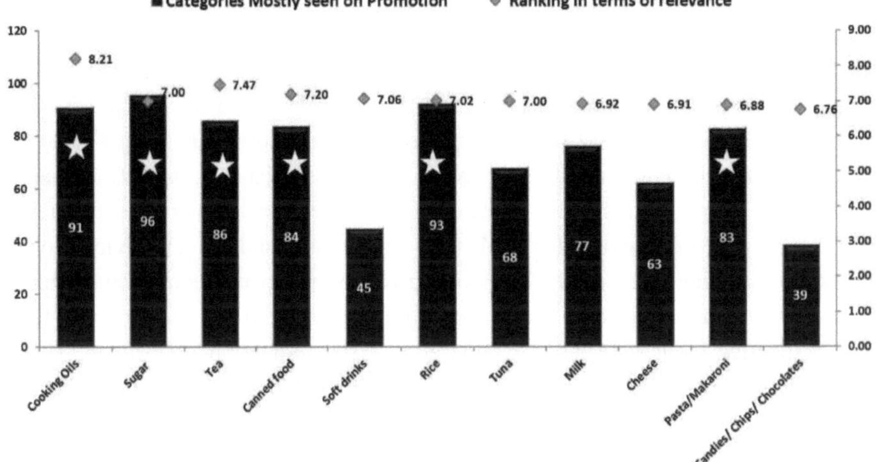

Base: Todos os inquiridos. Intervalo de confiança de 95%

* Indica uma diferença significativa

O gráfico mostra que as categorias mais promovidas pelos retalhistas são as categorias de alimentos embalados. Todos os produtos acima indicados se enquadram nas categorias de produtos de baixo risco. Este resultado corrobora as hipóteses (H1), (H2), (H3) e (H4), indicando que os retalhistas criam um mercado plano nas categorias de produtos de baixo risco, oferecendo promoções contínuas. Por conseguinte, os consumidores consideram os descontos nos preços como o principal fator de escolha entre as marcas. Assim, o valor da marca tornou-se menos importante para os consumidores quando decidem qual a marca a comprar, especialmente quando todas as marcas são consideradas de igual qualidade.

As marcas de distribuidor

Schnittka et al. (2015) sugerem que a utilização do nome de uma cadeia de retalhistas que tem associações positivas para designar um PLB melhora a atitude dos consumidores em relação ao PLB relativamente à marca nacional. Este efeito é forte nas categorias de produtos de baixo risco que têm uma baixa relevância para a marca. A utilização de um nome de cadeia para as PLBs aumenta o reconhecimento pelos consumidores de que uma PLB pertence a uma loja específica, o que cria diferenciação e melhora a atitude em relação às PLBs e aumenta a lealdade ao ponto de venda a retalho. Manikandan (2012) sugere que nem todas as categorias de produtos são frequentadas de forma semelhante pelos consumidores. Por conseguinte, a compra de PLBs varia consoante as categorias de produtos, e a qualidade média da categoria de produtos afecta as vendas de PLBs.

Na fase qualitativa da investigação, os compradores indicam que os PLB são os mais baratos entre produtos semelhantes, como o óleo alimentar, a farinha de açúcar e a pasta de tomate. De acordo com a Nielsen Retail Measurement Service (2015), os PLB na categoria do óleo alimentar cresceram de (2%) em 2007 para atingir (8%) em 2015. Na categoria do açúcar, os PLBs cresceram de (2%) em 2009 para atingir (5%) em 2015. Em categorias como os caldos, a aveia e os frutos enlatados, os PLB ocupam o terceiro lugar no que diz respeito à quota de volume; e continuam a crescer. Os efeitos adversos dos preços baixos dos PLB são menores quando o envolvimento do consumidor na compra do produto é baixo. O produto fornece um valor utilitário baixo para o consumidor, ou quando a natureza comum da promoção de vendas para a marca ou na respectiva indústria é baixa (Davis et al., 1992; Raghubir e Corfman, 1999). Kumar e Kothari (2015) sugerem que os consumidores dependem do boca a boca, da publicidade dentro das lojas e das promoções para comprar os PLBs.

Existe uma relação positiva entre a imagem do ponto de venda a retalho e a qualidade percebida dos produtos apoiados pelo nome do retalhista. Este facto, por sua vez, influencia os consumidores a comprarem os PLB. Shetty e Manoharan (2012) sugerem que a diminuição da diferença de qualidade entre as marcas nacionais e as PLB é um dos principais factores que impulsionam o crescimento contínuo das PLB. Além disso, sugerem que os consumidores preferem comprar os produtos com o nome de uma cadeia de retalho de confiança mais do que comprar uma marca nacional menor desconhecida. Gogoi (2013) sugeriu que, quando os consumidores são sensíveis à qualidade do produto e à escolha da marca, então a qualidade dos PLB introduzidos pelos retalhistas pode ser utilizada como um instrumento para criar a diferenciação da loja e, assim, desenvolver a lealdade e a rentabilidade da loja. Gogoi (2013) explicou que a própria intenção de compra desenvolve um sentimento de lealdade em relação ao produto que o cliente tenciona comprar, o que, por sua vez, pode transformar o cliente numa pessoa leal à marca. Kumar e Kothari (2015) sugerem que, à medida que as vendas da marca dos pontos de venda aumentam, os retalhistas mudam a sua estratégia de marca da loja, aumentando os preços dos PLB, alargando a gama de marcas dos seus pontos de venda às categorias de alto risco e comercializando os PLB em formato de imagem de retalho premium.

Manikandan (2012) sugere que, devido ao facto de os consumidores não considerarem as PLB como uma marca exclusiva para eles, é improvável que os consumidores tenham lealdade à marca para com as marcas de distribuidor e podem ter uma atitude mais negativa em relação às marcas de distribuidor do que às marcas nacionais. Embora os consumidores fiéis às marcas nacionais tenham uma atitude negativa em relação à compra de marcas nacionais em promoção, mostram-se favoráveis a comprá-las em promoção.

CAPÍTULO 5

Conclusão

O rápido crescimento e o desenvolvimento da quota dos PLB têm efeitos negativos nas quotas das marcas dos fabricantes e alteraram as regras de concorrência entre os fabricantes de marcas e os retalhistas. Cuneo et al. (2015) sugerem que nos países onde os PLB têm uma elevada penetração, os fabricantes de marcas têm dificuldade em desenvolver estratégias para competir. Nos países onde os PLB ainda têm uma quota relativamente baixa, os fabricantes de marcas precisam de saber se e quando os PLB irão criar desafios competitivos.

Mais de (60%) dos compradores do comércio moderno recebem os folhetos sobre as promoções e os descontos oferecidos pelas cadeias de retalho à sua porta. Mais de (55%) dos compradores do comércio moderno seguram o folheto promocional enquanto navegam pelos corredores da loja. Isto indica o impacto significativo dos folhetos promocionais na seleção da loja e na decisão de compra da marca. Se os calendários de promoção diferirem de loja para loja, podem induzir um comportamento de mudança de loja, porque uma loja pode ser temporariamente mais atractiva do que a outra nesse período (Narasimhan et al., 1996). No entanto, no caso do comércio moderno na Arábia Saudita, as cadeias de retalho fazem as promoções semanalmente. Por conseguinte, podemos esperar um cancelamento dos efeitos entre as lojas concorrentes. Com base nisto, não há efeitos entre retalhistas decorrentes de uma promoção de preços, particularmente nos produtos alimentares de consumo.

No entanto, a situação pode ser diferente para categorias como a dos bens de consumo duradouros, em que o comportamento de mudança para outros retalhistas pode ocorrer de acordo com a intensidade da promoção e a categoria que está a ser promovida. Este comportamento de mudança deve-se ao facto de os consumidores, neste caso, estarem dispostos a fazer um esforço suplementar para selecionar a loja com o preço mais competitivo. Beatty & Smith (1987) sugerem que os consumidores visitam, em média, cerca de três lojas quando compram os principais electrodomésticos.

Mais de (50%) dos compradores lidam em primeiro lugar com um produto que está em promoção, e cerca de (60%) destes produtos estão em descontos de preço ou em embalagens múltiplas a preço reduzido. No entanto, tal como sugerido por Blattberg e Neslin (1990), embora a promoção de preços, em geral, seja considerada uma técnica eficaz para aumentar as vendas a curto prazo, pode afetar negativamente a reputação de uma marca a longo prazo. Os efeitos negativos incluem a menor lealdade à marca e a diminuição da perceção da qualidade e da imagem da marca (Blattberg e Neslin, 1990). Pode não haver benefícios a longo prazo das promoções de preços e pode haver danos potenciais para uma marca se esta for objeto de uma promoção excessiva.

A redução indireta de preços sem uma condição prévia e a redução direta de preços com uma condição prévia são significativamente mais prejudiciais para a imagem de marca do que a redução indireta de preços com uma condição prévia. No entanto, nem a redução direta do preço sem condição prévia nem a redução indireta do preço com condição prévia têm um efeito negativo na perceção da marca. Pelo contrário, são mais benéficas para as vendas e não prejudiciais para a marca. Assim, as actividades de promoção de preços que permitem uma quantificação direta da condição prévia ou que oferecem produtos adicionais de características sem uma elegibilidade limitada foram menos benéficas para as vendas e foram prejudiciais para a marca (Dawes, 2004).

As promoções de preços podem ter um impacto positivo a longo prazo nas vendas da categoria; no entanto, o grau em que as vendas da categoria podem ser alargadas a longo prazo depende do grau de substituibilidade entre as categorias. A acumulação de existências desempenha um papel importante na expansão da categoria (Chandon e Wansink, 2002). Os produtos que são mais convenientes tendem a ser consumidos mais rapidamente uma vez armazenados, pelo que não há impacto negativo a longo prazo na incidência de compra da categoria ou na quantidade após a promoção de preços (Pauwels et al., 2002). Por conseguinte, é pouco provável que a acumulação de existências ou o efeito de aceleração devido às promoções de preços tenham um impacto nas vendas totais da categoria. As promoções induzem alguns compradores a comprar antecipadamente ou a acumular existências e provocam um certo nível de aumento do consumo para esses consumidores a curto prazo (apenas o tempo necessário para consumir o produto em excesso um pouco mais rapidamente do que o normal). No entanto, o aumento do consumo é apenas durante o período de duração do produto armazenado. Presume-se que os níveis de consumo regressem aos níveis anteriores à promoção com relativa rapidez.

Mais de (75%) dos compradores prestam atenção aos materiais do POS no interior do ponto de venda, o que pode motivar a sua decisão de compra para outras marcas diferentes da sua marca mais frequentemente utilizada. Cerca de (24%) dos consumidores trocaram a marca mais utilizada e compraram outra marca devido ao desconto atrativo oferecido por essa marca. Bell et al. (1999) sugerem que, em média, (75%) do efeito a curto prazo das promoções de preços é a mudança de marca e (25%) é a aceleração da compra. Certas categorias podem ser definidas como "acumulação de stocks", categorias em que um aumento da quantidade média de compras é acompanhado por um prolongamento do intervalo entre compras (os consumidores demoram mais tempo a fazer outra compra). Noutras categorias, as promoções são acompanhadas por um aumento da quantidade média de compras, mas sem prolongamento do intervalo entre compras. Isto implica um aumento do consumo a curto prazo. Nos produtos embalados, é provável que ocorra um mínimo nas vendas da categoria após a promoção, porque o consumo dos produtos em questão não aumenta acentuadamente pelo simples facto de serem comprados. É provável que se registe uma quebra após a promoção na incidência da categoria e na quantidade de compras, o que se designa por "período de ajustamento". Por conseguinte, as vendas da categoria podem ser impulsionadas a curto prazo, mas um aumento a curto prazo pode muito bem ser seguido de um decréscimo a curto prazo, mas de menor magnitude.

Cerca de (68%) dos consumidores preferem comprar nas cadeias de retalho porque oferecem os preços mais baixos, razão pela qual a imagem associada a todos os retalhistas do comércio moderno é mais uma imagem de preço. Esta imagem de preço reflecte o nível geral de preços dos retalhistas que os consumidores lhes associam. É provável que a imagem de preço do retalhista tenha um efeito de auréola nas avaliações dos seus preços individuais, pelo que os consumidores tendem a avaliar os preços de uma forma coerente com a imagem de preço do retalhista. As alterações na perceção da marca pelos consumidores (imagem e prestígio) devido à promoção de preços podem ser explicadas pela "teoria da atribuição", que sugere que os indivíduos procuram as razões causais das acções (Kelly, 1973). Ao tentar justificar as promoções de preços, os consumidores podem assumir questões negativas da marca como razões para uma empresa não poder vender o produto a um preço normal (Blattberg e Neslin, 1990).

De acordo com a "teoria da atribuição", os indivíduos utilizam padrões para construir tais atribuições, ou seja, as promoções são comuns e frequentes. Assim, as atribuições (questões negativas da marca) podem ser feitas com certeza nesse caso (Kelly, 1973)

Uma das conclusões mais reveladoras desta investigação é o facto de os consumidores acabarem por comprar mais produtos do que aqueles que inicialmente tencionavam comprar antes de entrarem no estabelecimento. A principal razão mencionada pelos inquiridos é o facto de terem encontrado ofertas promocionais atractivas para esses produtos que não tinham planeado comprar.

Por conseguinte, é óbvio que se está a verificar uma transferência de poder das marcas nacionais para os PLB no mercado saudita. Esta mudança de poder ainda não foi contida pelos fabricantes e, consequentemente, a maioria dos fabricantes está a lutar para manter as suas margens e o volume de vendas. Por outro lado, os retalhistas nacionais estão a tirar partido do êxito da sua estratégia e a exercer um enorme poder de negociação sobre os fabricantes. Os retalhistas estão a atribuir mais espaço nas prateleiras aos seus PLB; estão a criar um mercado plano através de promoções de preços intensivas nas marcas nacionais que diluem o capital das marcas. Os consumidores consideram que todas as marcas são da mesma qualidade, pelo que tencionam comprar as marcas com o preço mais baixo e tornaram-se consumidores propensos a negociar. Todos estes factores têm impacto na decisão de compra do consumidor e criam um mercado plano.

Por conseguinte, o quadro que se segue ilustra o êxito dos retalhistas na condução do mercado para um mercado plano com um elevado poder de negociação sobre os fabricantes.

Transferência de poder das marcas nacionais para as PLB

Retailers PLBs	National Brands
-Focus on operations. -Stocking most national brands	-National Brands dominance & strong command of shelf space, ranging and in-store promotion. -Market share growth
-Commence introduction of PLBs. -Small amount of national brands rationalization	-Unworried about initial private label offerings. -Continued market share growth
-Retailers become a brand themselves, introducing higher quality private label. -Significant rationalization of national brands to make space. -Increased private label offerings	-Market share pressure. -Continued focus on advertising combined with an increase in percentage of product sold on deal / promotions
-Through use of loyalty marketing databases and control of shelf and channel, they introduced highly targeted and tiered PLBs offerings.	-Still perceiving themselves as better quality despite private label success. -Continue to invest in advertising and increase percentage sold on deal in a battle for market share growth or maintenance
-Successful in removing link between national brands and quality perception. -Continue to grow aided by inflation and lack of differentiation vs. national brands	-Continue investing in advertising to maintain strong brand equity but are no longer considered better quality than PLBs. -Constant increase in percentage

CAPÍTULO 6

Recomendações

A abordagem holística

Parker e Tavassoli (2000) indicaram que *"enquanto os produtos são feitos na fábrica, as marcas são feitas na mente"*.

Para atenuar o desafio do impacto negativo das PLB de baixo preço e o impacto das promoções de retalho nas marcas nacionais, os fabricantes precisam de implementar uma abordagem holística. Esta abordagem ajudaria a gerir a "interação consumidor-marca" numa perspetiva mais ampla, em vez de apenas promoções tácticas orientadas para os preços.

1- Alinhamento das estratégias comerciais, de marketing e de marca

O objetivo final do marketing é atrair e reter os consumidores lucrativos. As estratégias comerciais, de marketing e de marca estão interligadas, uma vez que todas giram em torno da satisfação das necessidades dos consumidores melhor do que a concorrência. A empresa crescerá satisfazendo as necessidades dos consumidores e dispondo de marcas fortes com valor acrescentado que respondam a essas necessidades. O objetivo de marketing é envolver os consumidores com a marca e, consequentemente, criar a lealdade através da satisfação. A estratégia de marca é inspirada no consumidor, envolvendo-se no seu estilo de vida. Este alinhamento deve conduzir a resultados financeiros positivos.

Este alinhamento é estratégico no sentido em que todas as funções devem ser sincronizadas para atingir um objetivo comercial específico que é o "crescimento sustentável das marcas da empresa". A sincronização deve começar pela recolha de informações sobre os consumidores, pela divulgação dessas informações a todos os departamentos para os envolver e, por fim, pela reação, tomando as medidas necessárias para satisfazer essas necessidades.

O perigo que pode existir no caso do não-alinhamento é que os diferentes departamentos da empresa fiquem desligados da estratégia global da empresa; logo, impossível de a alcançar (Jobber e Chadwick, 2013).

2- Adaptar-se à evolução do "percurso de decisão do consumidor

Se o marketing tem um objetivo, é o de chegar aos consumidores nos momentos que mais influenciam as suas decisões. Durante anos, os pontos de contacto foram entendidos através da metáfora de um "funil", ou seja, os consumidores começam por ter em mente um certo número de marcas potenciais (a parte mais larga do funil), o marketing é-lhes depois dirigido à medida que reduzem metodicamente esse número e avançam pelo funil, e no final emergem com a marca que escolheram comprar.

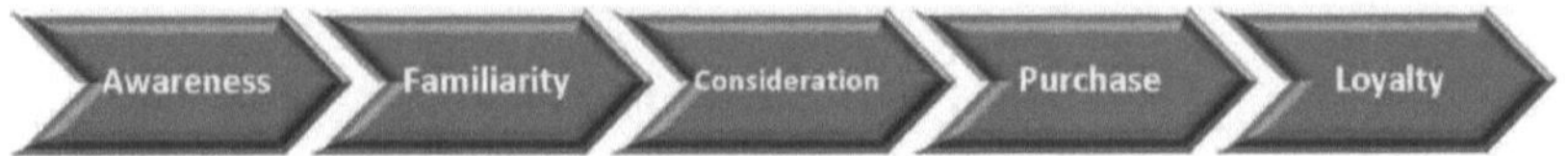

Hoje em dia, o conceito de "funil" não consegue captar todos os pontos de contacto e os principais factores de compra resultantes da explosão de escolhas de produtos e dos canais digitais, juntamente com a emergência de um consumidor cada vez mais exigente e bem informado. Por conseguinte, é necessária uma abordagem mais sofisticada para ajudar os profissionais de marketing a navegar neste novo ambiente, que é menos linear e mais complicado do que o conceito de "funil" sugere. A proliferação de meios de comunicação e produtos exige que os profissionais de marketing encontrem novas formas de incluir as suas marcas no conjunto de considerações iniciais que os consumidores desenvolvem quando iniciam o seu percurso de decisão. A abordagem é designada por "Percurso de decisão do consumidor".

3- O percurso de decisão do consumidor

O conceito de "funil" sugere que os consumidores reduzem sistematicamente o conjunto de considerações iniciais à medida que ponderam as opções, tomam decisões e compram produtos. Depois, a fase pós-venda torna-se um período experimental que determina a lealdade do consumidor às marcas e a probabilidade de voltar a comprar a marca. Os profissionais de marketing foram ensinados a "empurrar" o marketing para os consumidores em cada fase do processo do funil para influenciar o seu comportamento. De facto, o processo de decisão é uma viagem mais circular, com quatro fases principais que representam os potenciais campos de batalha onde os profissionais de marketing podem ganhar ou perder.

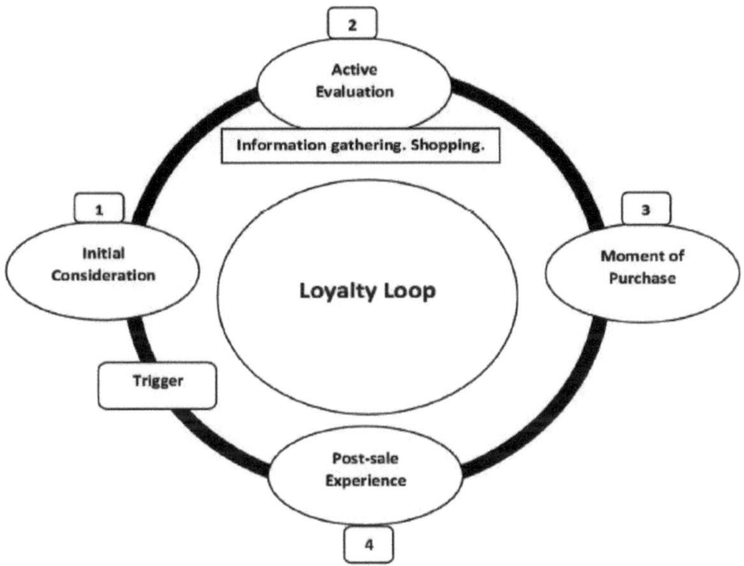

1- Consideração inicial: o consumidor considera um conjunto inicial de marcas, com base nas percepções da marca e na exposição a pontos de contacto recentes (anúncios, reportagens, boca a boca tradicional e eletrónico e experiência). A menos que os consumidores estejam a fazer compras ativamente, grande parte dessa exposição parece ter sido desperdiçada. Os consumidores tendem a recorrer ao conjunto limitado de marcas que conseguiram passar pelo deserto de mensagens. O conhecimento da marca é importante.

2- Avaliação ativa: nem tudo está perdido para as marcas excluídas da primeira fase. Contrariamente ao conceito de "funil", o número de marcas em consideração durante a fase de avaliação ativa pode agora aumentar em vez de diminuir. Isto deve-se ao facto de os consumidores procurarem informação e fazerem compras numa categoria. As marcas podem "interromper" o processo de decisão, entrando em consideração e até forçar a saída dos rivais. Esta mudança de comportamento cria oportunidades para os profissionais de marketing, acrescentando pontos de contacto em que as marcas podem causar impacto. As marcas que já estão a ser consideradas não podem continuar a tomar esse estatuto como garantido.

3- Momento da compra e experiência pós-venda: o marketing costumava ser conduzido pelas empresas; "empurrado" para os consumidores através da publicidade tradicional, do marketing direto, dos patrocínios e de outros canais. Em cada ponto do funil, à medida que os consumidores reduziam as suas opções de marca, os profissionais de marketing tentavam influenciar as suas decisões. Esta abordagem imprecisa não conseguia frequentemente chegar aos consumidores certos no momento certo.

A investigação mostrou que dois terços dos pontos de contacto durante a fase de avaliação ativa envolvem actividades de marketing orientadas para o consumidor, como as críticas na Internet, o boca a boca, as recomendações de familiares e amigos, bem como as interacções na loja e as recordações de experiências passadas. Por conseguinte, os profissionais de marketing devem ir mais longe do que a comunicação puramente "push" e aprender a influenciar os pontos de contacto orientados para o consumidor, como o boca-a-boca e os sítios de informação na Internet. Quando os consumidores tomam uma decisão no momento da compra, o trabalho do profissional de marketing está apenas a começar: A experiência pós-compra molda a sua opinião para cada decisão subsequente na categoria, pelo que a viagem é um ciclo contínuo.

O marketing deve estar alinhado com o percurso de decisão do consumidor. A direção do esforço de marketing deve mudar, talvez deixando de centrar a publicidade da marca na fase inicial de consideração para desenvolver as propriedades da Internet que ajudam os consumidores a compreender melhor a marca quando a avaliam ativamente. Outros profissionais de marketing podem precisar de reequipar os seus programas de fidelização, concentrando-se em lealistas activos em vez de passivos, ou gastar o dinheiro em actividades na loja ou em programas de passa-palavra (Jobber & Ellis-Chadwick, 2013).

4- Tirar partido e utilizar eficazmente os meios digitais

As marcas são bem sucedidas devido a uma imagem de marca clara que é comunicada e apoiada por um nível significativo de publicidade (Biel, 1990; Jones, 1990). Reduzir as despesas de publicidade das marcas nacionais devido à feroz concorrência de preços com os PLB não está a beneficiar a estratégia de construção da marca (Hirschman e Holbrook, 1982).

Por conseguinte, nestes casos, recomenda-se a aplicação de uma abordagem de Comunicação Integrada de Marketing (CIM), para comunicar os benefícios e o valor acrescentado da marca. Os meios digitais estão a tornar-se um canal mais importante do que nunca para comunicar as marcas de forma eficiente e eficaz (Jobber e Ellis-Chadwick, 2013). No entanto, antes de decidir qual a plataforma de media digital relevante para a marca, os profissionais de marketing devem analisar o ambiente digital e o público-alvo em termos de **(1)** acesso do cliente às tecnologias relevantes, **(2)** frequência com que o cliente-alvo utiliza os meios online e como utiliza a plataforma de prospeção, **(3)** quantas horas são gastas a utilizar o canal de prospeção em comparação com os meios tradicionais como a televisão. Os meios digitais podem ser utilizados para chegar aos consumidores a nível nacional a baixo custo, através de um sítio Web criado especificamente para a marca, para que o consumidor tenha acesso fácil aos pormenores do produto e às informações da empresa. Serão colocadas ligações patrocinadas para o sítio Web em motores de busca como o Google e o Yahoo, uma vez que serão eficazes para chegar mais rapidamente aos consumidores-alvo (Jobber e Ellis-Chadwick, 2013).

Para alcançar e atingir efetivamente os consumidores, pode ser criada uma página de fãs no Facebook para apresentar a marca, o seu valor acrescentado, o preço, os eventos e a geração de novas ideias. Podem ser criadas hashtags no Instagram e no Twitter, uma vez que estes meios são interactivos por natureza e permitem que a empresa crie um diálogo com os consumidores para que estes expressem a sua opinião sobre a marca e obtenham um feedback rápido, e também para que haja um E-Word of Mouth para criar consciência sobre o produto (Jobber e Ellis-Chadwick, 2013). Uma das funcionalidades dos canais digitais no E-WOM, por exemplo, o facebook, é o facto de encorajar relações de confiança entre os remetentes e as suas audiências (Hung e Li, 2007). Na era digital, os profissionais de marketing podem utilizar o boca-a-boca eletrónico para criar a notoriedade da marca em múltiplas plataformas mediáticas, incluindo as redes sociais, os e-mails, os fóruns Web e os blogues. Atualmente, muitos profissionais de marketing consideram o E-WOM mais eficaz do que a publicidade tradicional, porque a Internet permitiu o E-WOM, melhorando a comunicação individual e em grupo (Dobele et al., 2005).

A força da mensagem e a sua fonte são requisitos essenciais para que o cliente julgue a sua credibilidade e para que a mensagem tenha um efeito de persuasão sobre ele e, consequentemente, na sua decisão de compra. Além disso, para criar um burburinho em torno da marca e induzir a experimentação, os profissionais de marketing devem fazer programas de ativação nos centros comerciais de luxo (Jobber e Ellis-Chadwick, 2013).

5- Nem todos os consumidores fiéis são fiéis

Dos consumidores que professam lealdade a uma marca, alguns são leais activos, que não só a mantêm como a recomendam. Outros são leais passivos que, seja por preguiça ou por confusão causada pela variedade estonteante de escolhas, permanecem com uma marca sem se comprometerem com ela. Apesar das suas alegações de fidelidade, os consumidores passivos estão abertos a mensagens da concorrência que lhes dêem uma razão para mudar. Assim, as empresas têm a oportunidade de interromper o ciclo de fidelização, capturando os consumidores passivamente fiéis de outras marcas, facilitando a comparação de preços e a mudança. Estão a dar aos consumidores razões para partirem, não desculpas para ficarem.

Por conseguinte, os profissionais de marketing devem trabalhar prioritariamente na expansão da base de fiéis activos e, para tal, devem concentrar os seus gastos nos novos pontos de contacto explicados anteriormente.

6- Concentrar-se nos consumidores rentáveis sem perseguir novos consumidores através de reduções de preços

As marcas de sucesso baseiam-se em atrair e reter os consumidores com lucro. Os consumidores que voltam a comprar porque estão satisfeitos com os benefícios do produto que está a preencher uma lacuna de necessidade que eles têm, ou seja, dando-lhes um valor acrescentado (Jobber e Chadwick, 2013).

Por conseguinte, as marcas nacionais devem começar a concentrar-se no seu segmento de consumidores "leais e rentáveis", que compram a marca de qualquer forma, quer esta esteja em promoção ou não. De facto, o segmento de consumidores fiéis e rentáveis valoriza a marca e está disposto a pagar o seu preço, ou seja, não se deve tentar atrair novos consumidores perseguindo-os com descidas de preço significativas, porque, após a promoção, esses consumidores que mudam de marca vão optar por outras marcas em promoção ou por opções mais baratas, o que se traduzirá numa perda de dinheiro pago para atrair consumidores que mudam de marca.

As promoções de preços produzem apenas benefícios temporários para as marcas estabelecidas e criam uma circunstância em que a maioria das vendas promocionais provém de consumidores que tendem a transferir a sua próxima compra para a marca que tiver a melhor promoção (Dawes, 2004).

7- Amplificar o valor da marca - Vantagem competitiva

Uma marca pode criar valor para o consumidor de duas formas: **(1)** aumentando os benefícios para o consumidor em relação ao custo pago, e **(2)** diminuindo o preço em relação aos benefícios que o consumidor obtém do produto (Kohli e Jaworski, 1990).

Os fabricantes devem criar para os seus consumidores um valor sustentável superior ao da concorrência para obterem um desempenho crescente e consistente. Os consumidores são, então, levados a comprar o produto porque percebem que o valor esperado para eles desse produto é mais elevado do que o valor esperado de qualquer solução alternativa. Para obter uma vantagem diferencial, os fabricantes devem ter em conta factores que não podem ser facilmente copiados pelos PLB, a fim de obter uma vantagem diferencial sustentável, que deve centrar-se nos benefícios para o consumidor, aumentando o seu conforto, bem-estar e felicidade (Akpoyomare et al., 2013).

O facto de os PLB conquistarem quota de mercado às marcas nacionais significa que mais consumidores não encontram qualquer valor acrescentado ou qualquer diferenciação entre os benefícios oferecidos pelos PLB e algumas das marcas nacionais, e que o prémio de preço para as marcas nacionais não se justifica.

Estratégias para construir a vantagem competitiva

Para que a marca atinja os objectivos corporativos, a empresa deve avaliar três estratégias competitivas diferentes.

A)   Foco na diferenciação

A empresa tem de identificar um segmento novo e pequeno no mercado que tenha uma necessidade não satisfeita de um produto especialmente concebido. Este produto deve ser diferente em todos os aspectos relacionados com o sabor, a embalagem, a comunicação, os canais de distribuição e o preço.

Vantagem competitiva: A empresa seria a primeira a visar este novo segmento de consumidores de nicho através de um produto especialmente concebido e da mais elevada qualidade a um preço de primeira qualidade, numa embalagem de primeira qualidade e vendido em lojas de primeira qualidade. O objetivo é apelar a este consumidor-alvo com uma mistura de marketing totalmente diferente da marca principal da empresa. Assim, a empresa teria a oportunidade de assumir uma posição de liderança "pioneira" neste segmento (Jobber e Ellis-Chadwick, 2013).

Os recursos necessários: Para a empresa alcançar a sua vantagem competitiva, deve compreender a natureza (competências e recursos superiores) e a localização das fontes potenciais da vantagem competitiva. Isto pode ser feito através de uma análise da cadeia de valor para localizar as competências e os recursos superiores (Jobber e Ellis-Chadwick, 2013).

Para alcançar uma vantagem diferencial, a empresa deve ter em conta factores que não podem ser facilmente copiados pelos concorrentes para obter uma vantagem diferencial sustentável, que deve centrar-se nos benefícios para o consumidor de aumentar o seu conforto, bem-estar e felicidade (Akpoyomare et al., 2013).

Manter a vantagem competitiva: A empresa deve criar uma forte barreira à entrada neste novo segmento: **(1)** ser "pioneira" neste segmento. **(2)** Despesas promocionais consideráveis para promover o segmento e a marca. **(3)** Construir uma forte personalidade de marca. **(4)** Manter-se ligado aos consumidores. **(5)** Novas variantes inovadoras necessárias aos consumidores-alvo.

B)Foco nos custos

O fabricante deve tirar partido da sua enorme capacidade de produção, do seu vasto alcance de distribuição e do seu enorme poder de compra (matérias-primas e materiais de embalagem) para reduzir o custo do produto. Assim, seria capaz de maximizar a rendibilidade, mantendo ao mesmo tempo uma qualidade aceitável do produto (Jobber & Ellis-Chadwick, 2013). Este objetivo pode ser alcançado através do exercício de controlo sobre os seus fornecedores devido ao seu enorme poder de compra (Dyson et al., 1996).

A vantagem competitiva: Baixo custo, preço superior, qualidade aceitável e margem de rentabilidade elevada, criando assim uma barreira à entrada da concorrência.

Manutenção da vantagem competitiva: Devido à sua escala maciça, a operação do fabricante (fabrico e distribuição) fornecerá valor aos consumidores sob a forma de um preço razoável devido ao baixo custo de fabrico e de embalagem; juntamente com uma ampla disponibilidade do produto devido ao alcance da distribuição nacional.

C)   Líder da diferenciação

Destina-se principalmente ao segmento de consumidores que valorizam o conceito de produtos de qualidade superior com o preço de qualidade superior como indicação de aceitação social, pertença e globalização. Por conseguinte, o fabricante dirige-se ao consumidor com uma marca da mais alta qualidade disponível no mercado e a um preço superior (Batra et al., 2000).

Vantagem competitiva: O produto da mais alta qualidade a um preço premium, na embalagem premium, vendido nas lojas premium e com a imagem de marca premium (Jobber e Ellis-Chadwick, 2013).

7-Medir o desempenho para aumentar a vantagem competitiva

O fabricante deve avaliar continuamente o investimento na marca para garantir que esta estabelece e mantém a posição desejada no mercado, o que, por sua vez, se reflecte no desempenho global da marca (Jobber e Ellis-Chadwick, 2013).

Medidas relacionadas com o prémio da marca

a- Medir o valor da marca em termos de nível de consciencialização, associações à marca e intenções de compra.

b- Ultrapassar o valor oferecido pelos concorrentes é fundamental para a satisfação dos clientes com base no desempenho percebido em comparação com as expectativas dos clientes, como a taxa de recompra.

c- Os departamentos do fabricante devem partilhar a convicção de que a fidelização dos clientes é uma prioridade para todos, não sendo apenas da responsabilidade do marketing ou das vendas. A fidelidade e a rentabilidade estão diretamente relacionadas com a satisfação dos clientes.

d- A eficácia da comunicação é medida pela notoriedade da marca (antes e depois da campanha), porque indica se a campanha de comunicação teve impacto na mente dos consumidores.

e- Perceção do cliente sobre a marca: Marca premium

f- Disponibilidade/distribuição do produto: o produto está sempre disponível à conveniência do consumidor (sem rutura de stock).

g- Quota de mercado (valor e volume), pois compara o desempenho da marca com o da concorrência, em termos de volume e valor de vendas. A quota de mercado relativa deve ser superior a UM quando uma marca é líder de mercado (Jobber e Ellis-Chadwick, 2013).

8- Gestão de marcas

Para que a marca ofereça clareza e consistência ao consumidor, tem de ser gerida como um ativo a longo prazo, com um elevado grau de paciência e evitando mudanças desnecessárias. Os profissionais de marketing concentram-se frequentemente no sucesso durante o trimestre atual e consideram as perspectivas para o trimestre seguinte como a visão a longo prazo, o que tem um grande impacto no valor das marcas (Ailawadi et al., 2006).

9- Considerações sobre as promoções

Os comerciantes podem concentrar-se nas actividades de promoção de preços com a redução direta de preços quando o seu objetivo é aumentar as vendas. No entanto, as condições prévias, como uma elegibilidade limitada, devem ser consideradas apenas em conjunto com as reduções indirectas de preços que aumentam o valor do produto promovido. Os tipos de promoção que são bem conhecidos entre os consumidores devem ser preferidos para minimizar a deterioração da imagem e do prestígio da marca premium (Ailawadi e Harlam, 2004).

10- Valor da marca

Ainda assim, as marcas nacionais são consideradas de grande importância para os retalhistas. Do ponto de vista do retalhista, as marcas nacionais são muito importantes porque geram margens mais elevadas do que as suas congéneres sem marca - as PLB. As marcas nacionais têm um maior poder promocional, são mais eficazes na condução do desempenho dos pontos de venda e ajudam a atrair e a reter os consumidores (Ailawadi et al., 2009). Por conseguinte, os fabricantes têm de se concentrar no reforço do valor das suas marcas nacionais, a fim de se posicionarem melhor na guerra de preços nas lojas de retalho. Do ponto de vista dos consumidores, o valor da marca cria reacções positivas, evoca associações familiares e fortes na memória (Keller, 1993) e constrói a confiança do consumidor (Rust et al., 2004).

No caso de uma compra por impulso, o consumidor não planeia comprar o produto com antecedência. Por conseguinte, nesta situação, o brand equity pode atuar como uma faísca para associações positivas à marca, facilitando assim a avaliação e a decisão de compra por parte dos consumidores (Dyson et al., 1996). A facilidade de tomada de decisão resultante de um brand equity positivo pode, por sua vez, despoletar a compra por impulso. O brand equity baseado no cliente (CBBE) é definido na perspetiva do cliente e baseia-se no conhecimento, na familiaridade e nas associações do consumidor em relação à marca.

A qualidade percebida não é a qualidade real do produto, mas a perceção que os consumidores têm da qualidade global ou da superioridade do produto em relação ao objetivo pretendido, relativamente às alternativas. A elevada qualidade percebida dá aos consumidores uma boa razão para comprar e permite que a marca se diferencie da concorrência, cobre um preço superior e tenha uma base sólida para a extensão da marca (Aaker, 1991).

O conhecimento da marca consiste em duas sub-dimensões. O reconhecimento da marca, que é o primeiro passo básico na tarefa de comunicação da marca; através do qual a empresa comunica os atributos da marca até que o nome da marca seja estabelecido com o qual os associar. O conhecimento da marca pode ser um sinal de qualidade e compromisso, permitindo que os consumidores se familiarizem com uma marca e ajudando-os a considerá-la no ponto de compra (Keller, 1993).

A lealdade à marca é a principal componente do valor da marca, que se refere à tendência para ser leal a uma marca focal, demonstrada pela intenção de a comprar como primeira escolha. Os consumidores fiéis são menos susceptíveis de mudar para um concorrente apenas por causa do preço; também fazem compras mais frequentes do que os consumidores não fiéis comparáveis (Aliawadi et al., 2006).

A associação à marca é qualquer coisa "ligada" na memória a uma marca; acredita-se que contém o significado da marca para os consumidores. Um conjunto de associações, geralmente organizadas de alguma forma significativa, forma uma imagem de marca, ajuda a processar e a recuperar informações, diferencia a marca, cria atitudes ou sentimentos positivos, fornece uma razão para comprar e fornece uma base para extensões.

Os activos da marca são patentes, marcas registadas e relações com os canais.

Em resumo, um forte brand equity significa que os consumidores têm um elevado conhecimento da marca, mantêm uma imagem de marca favorável, consideram que a marca é de alta qualidade e são leais à marca (Aaker, 1991).

Investigação futura

Este estudo aborda o desempenho das marcas de distribuidor nas categorias de produtos de baixo risco. No entanto, as categorias de produtos de alto risco ainda são vagas. Embora pensemos que os retalhistas na KSA ainda não jogam nas categorias de produtos de alto risco, acreditamos que os fabricantes destas categorias de produtos devem estar preparados com uma estratégia de defesa para mitigar o desafio, caso os retalhistas decidam entrar nas categorias de produtos de alto risco.

A investigação deve responder a várias questões como, por exemplo, se os retalhistas conseguissem introduzir as suas marcas de distribuidor nas categorias de alto risco com uma qualidade elevada e um preço competitivo. Estaria o consumidor disposto a mudar da sua marca preferida? E seria isso considerado uma ameaça para as grandes marcas estabelecidas a longo prazo? Quais são as soluções possíveis para ultrapassar a ameaça das PLB nas categorias de produtos de alto risco? O branding nas categorias de baixo risco já é válido?

REFERÊNCIAS

• Aaker, D. A. (1991) *"Managing Brand Equity: Capitalizing on the Value of a Brand Name",* The Free Press.

• Aaker, D. A. (1996) "Measuring Brand Equity Across Products and Markets", *California Management Review,* 38 (3) pp.102-120

• Ailawadi, K. L. & Kevin, L. K. (2004) 'Understanding Retail Branding: Conceptual Insights and Research Priorities", *Journal of Retailing,* 80 pp.331342.

• Ailawadi, K. L., Beacuchamp, J. P., Donthu, N., Gauri, D. K. & Shankar, V. (2009) "Communication and Promotion Decisions in Retailing: A Review and Directions for Future Research", *Journal of Retailing,* 85(1) pp. 42-55.

• Ailawadi, K. L., Harlam, B. A., Cesar, J. & Trounce, D. (2006) "Promotion Profitability for a Retailer: The Role of Promotion, Brand, Category, and Store Characteristics", *Journal of Marketing Research,* 43(4) pp. 518-535.

• Akpyomare, B. O., L. P. Kunle Adeosun & R. A. Ganiyu, (2013) 'Approaches for Generating and Evaluating Product Positioning Strategy', *International Journal of Business Administration,* 4(1) pp.46-52.

• Alvarez, B. A. & Casielles, R. V. (2005) "Consumer Evaluations of Sales Promotion: The Effect on Brand Choice, *'European Journal of Marketing,* 39 (1) pp. 54-70.

• Batra, R. & Sinha, I. (2000) 'Consumer-Level Factors Moderating the Success of Private Label Brands', *Journal of Retailing,* 76 (2) pp.175-191

• Beatty, S. E. & Smith, S. M. (1987) 'External Search Effort: An Investigation Across Several Product Categories", *Journal of Consumer Research,* 14 pp. 8395.

• Bell, D. R., Chiang, J. & Padmanabhan, V. (1999) 'The Decomposition of Promotional Response: An Empirical Generalization", *Marketing Science,* 18 (4) pp. 504-26.

• Biel, A. (1990) 'Strong Brand, High Spend', ADMAP, novembro, pp 35-40.

• Blattberg, R.C. & Neslin, S. A. (1990) 'Sales Promotion - Concepts, Methods and Strategies', Prentice-Hall Inc., englewwod Cliffs, NJ.

• Chandon, P. & Wansink, B. (2002) 'When Are Stockpiled Products Consumed Faster? A Convenience-Salience Framework of Post Purchase Consumption Incidence and Quantity", *Journal of Marketing Reséarch,* 34 pp. 321-335.

• Chandon, P., Wansink, B. & Laurent, G. (2000) 'A Benefit Congruency Framework of Sales Promotion Effectiveness', *Journal of Marketing* 64 (4) pp. 65-81.

• Coughlan, M., Cronin, P. & Ryan, F. (2007) 'Step-by-Step Guide to Critiquing Research. Parte 1: Quantitative Research", *British Journal of Nursing,* 16 (11) pp. 658-663.

• Cueno, A., Milberg, S. J., Benavente, J. M. & Fenech, J. P. (2015) 'The Growth of Private Label Brands: A Worldwide Phenomenon", *Journal of International Marketing,* 23 (1) pp. 72-90.

• Davis, S., Inman, J. J. & McAlister, L. (1992) 'Promotion Has a Negative Effect on Brand Evaluations: Or does it? Additional Disconfirming Evidence", *Journal of Marketing Research,* 29 (1) pp. 143-148.

• Dawes, J. (2004) "Assessing The Impact of a Very Successful Price Promotion on Brand, Category and Competitor Sales", *Journal of Product and Brand Management,* 13 (5).

• Dobele, A., Toleman, D. & Beverland, M. (2005) 'Controlled Infection! Spreading the Brand Message Through Viral Marketing", *Business Horizons,* 48 (2) pp.143-149.

• Dyson, P., Farr, A. & Hollis, N. S. (1996) 'Understanding, Measuring and Using Brand Equity', *Journal of Advertising Research,* 36(6) pp. 9-21.

• Easterby-Smith, M., Thorpe, R. & Jackson, P. (2012) *'Management Research",* 4ª edição, Londres: SAGE Publications.

• Ehrenberg, A. S. C., Hammond, K. & Goodhardt, G. J. (1994) 'The After-Effects of Price-Related Consumer Promotions', *Journal of Advertising Research,* 34 pp. 11-21.

• Fall, D. M. (2008) "The Strategic Role of Private Label Brands in Emerging Markets: A Framework", *The International Journal of Arts and Sciences,* 36(6) pp. 9-21.

• Gogoi, B. J. (2013) 'Study of Antecedents of Purchase Intention and its Effect on Brand Loyalty of Private Label Brand of Apparel', *International Journal of Sales & Marketing,* pp.2249-6939.

• Hirschman, E. & Holbrook, M. (1982) 'Hedonic Consumption: Emerging Concepts, Methods and Propositions", *Journal of Marketing,* 46 pp. 92-101.

• Hoch, S. J. & Banerji, S. (1993) "When Do Private Label Succeed?", Sloan Management Review, pp. 55-67.

• Hung, K. H. & Li. S.Y. (2007) 'The Influence of e-WOM on Virtual Consumer Communities: Social Capital, Consumer Learning, and Behavioral Outcomes", *Journal of Advertising Research* 47 (4) pp. 485-495.

• Jobber, D. & Ellis-Chadwick, F. (2013) *"Principles and Practice of Marketing",* 7ª edição, Maidenhead: McGraw-Hill Education.

• Keller, K. L. (1993) 'Conceptualizing, Measuring and Managing CustomerBased Brand Equity' *Journal of Marketing* 57 pp.1-22.

• Kelly, H. H. (1973) 'The Processes of Casual Attribution', *American Psychologist,* 28 (2) pp.107-128.

• King, S. (2007) 'A Master Class in Brand Planning', Wiley.

• Kohli, A. J. & Jaworski, B. J. (1990) 'Market Orientation: The Construct, Research Propositions, and Managerial Implications", *Journal of Marketing,* 54 (2) pp.1-18.

• Kotler, P. & Armstrong, G. (1996) *"Principles of Marketing",* Prentice-Hall.

• Kumar, N. & Steenkamp, J. E.M. (2007) *Private Label Strategy,* Boston: Harvard Business School Press

• Kumar, S. & Kothari, M. (2015) 'A Study on Consumer Perception Regarding Private Label Branding in India', *European Journal of Business and Management,* 7 (10) pp. 225-231.

• Kurtz, D. L. & Boone, L. E. (1995) *'Contemporary Marketing',* Boston:South-Western College Publications

• Lattin, J. M. & Bucklin, R. E. (1989) 'Reference Effects of Price and Promotion on Brand Choice Behavior', *Journal of Marketing Research,* 26 pp. 299-310.

• Lichtenstein, D. R., Ridgway, N. M. & Netemeyer, R. G. (1993) 'Price Perceptions and Consumer Shopping Behavior: A Field Study", *Journal of Marketing Research,* 30 (2) pp. 234-245.

• Lietz, P. (2010) "Research into Questionnaire Design", *International Journal of Market Research,* 52(2) pp. 249-272.

• Manikandan, M. K. M. (2012) 'Theory Building on Private Label Brands: A Literature Review", *The IUP Journal of Brand Management,* 9 (2) pp.65-77.

• Martos-Partal, M. M. (2012) "Innovation and The Market Share of Private Labels", *Journal of Marketing Management,* 28 (5-6) pp.695-715.

• Meadows, K. (2003) 'So You Want to do Research? Questionnaire Design", *British Journal of Community Nursing,* 8(12) pp.562-570.

• Mizerski, R. W., Golden, L. L. & Kernan, J. B. (1979) 'The Attribution Process in Consumer Decision Making' *Journal of Consumer Research,* 6 (2) pp. 123140.

• Narasimhan, C., Neslin, S. A. & Sen, S. K. (1996) 'Promotional Elasticities and Category Characteristics', *Journal of Marketing,* 60 pp.17-30.

• Nielsen, (2014) *'Store Brand Perception Increase in Saudi Arabia',* disponível em: http://www.nielsen.com/sa/en/press-room/2014/adobe-and-nielsen-to-createindustrys-first-comprehensive-measurement-platform-for-digital- content111 .html, (acedido: 18/3/2017).

• Nielsen, (2015) *"Regulations Are Reconfiguring Retail in Saudi Arabia"*, disponível em: http://www.nielsen.com/sa/en/insights/news/2015/regulations-are- reconfiguring-retail-in-saudi-arabia.html, (acedido em: 14/1/2017).

• Parker, P. M. & Tavassoli, N.T. (2000) 'Homeostasis and Consumer Behavior Across Cultures', *International Journal of Research in Marketing,* 17 pp. 33-53.

• Pauwels, K., Hanssens, D. M. & Siddarth, S. (2002) 'The Long-Term Effects of Price Promotions on Category Incidence, Brand Choice, and Purchase Quantity', *Journal of Marketing Research,* 39 pp. 421-439.

• Raghubir, P. & Corfman, K. (1999) "When Do Price Promotions Affect Pretrial Brand Evaluations?", *Journal of Marketing Research,* 36 (2) pp. 211-222.

• Rajendran, K. N. & Tellis, G. J. (1994) 'Contextual and Temporal Components of Reference Price', *Journal of Marketing,* 58 pp. 22-34.

• Richardson, P., Jain, A. & Alan, D. (1996) 'The Influence of Store Aesthetics on Evaluation of Private Label Brands', *Journal of Product and Brand Management,* 5 (1) pp. 19-28.

• Rust, R. T., Zeithaml, V. A. & Lemon, K. N. (2004) 'Customer Centered Brand Management', *Harvard Business Review,* 82(9) pp.110-118.

• Schnittka, O., Becker, J. M., Gedenk, K., Sattler, H., Villeda, I. S. & Volckner, F. (2015) "Does Chain Labeling Make Private Labels More Succesful?", *Harvard Business Review*, pp. 92-113.

• Sethuraman, R. & Cole, C. (1999) "Factors Influencing the Price Premiums that Consumers Pay for National Brands Over Store Brands", *Journal of Product and Brand Management,* 8 (4) pp. 340-352.

• Shetty, A. S. & Manoharan, S. (2012) "The Battle of Private and National Brands: Strategies to Win a Losing Battle Against the Private Brands in India", *The IUP Journal of Business Strategy*, 9 (3) pp. 32-45.

• Singh, T., Veron-Jackson, L. & Cullinane, J. (2008) 'Blogging: A New Play in Your Marketing Game Plan", *Business Horizons,* 57 (4) pp. 281-292.

• Slotegraaf, R. J. & Pauwels, K. (2008) 'The Impact of Brand Equity and Innovation on the Long-Term Effectiveness of Promotions', *Journal of Marketing Research,* 45(3) pp. 293-306.

• Tong, X. & Hawley, J. M. (2009) "Measuring Customer Based Brand Equity: Empirical Evidence from the Sportswear Market in China", *Journal of Product &*

Brand Management, 18 (4) pp. 262-271.

• Villarejo-Ramos, A. F. & Sanchez-Franco M. J. (2005) 'The impact of Marketing Communication and Price Promotion on Brand Equity', *Journal of Brand Management,* 12 (6) pp. 431-444.

• Wathen, C. N. & Burkell, J. (2002) 'Believe it or Not: Factors Influencing Credibility on the Web", *Journal of the American Society for Information Science and Technology,* 53 (2) pp.134-144.

• Weiss, A. M., Lurie, N. H. & Macinnis, D. J. (2008) 'Listening to Strangers: Whose Reponses are Valuable, How Valuable Are They, and Why?", *Journal of Marketing Research,* 45 (4) pp. 425-436.

Printed by Books on Demand GmbH, Norderstedt / Germany